ERICA GIOPP

SÜDTIROL

HANDBUCH ZUM EINHEIMISCH-WERDEN

RÆTIA

Für Jonas

Sag zum Abschied leise *Ciao*

Du brichst auf in ein anderes Leben und lässt alles zurück: die Stadt, die Freunde, das mondäne Leben. Stattdessen hievst du ächzend einen Staubsauger in Industriegröße in deinen Kofferraum und ziehst nach Südtirol, einfach so.

Dorthin, wo der *Apericena* – diese wunderbare italienische Hybridform aus Aperitif und Abendessen: ein Aperol Spritz, begleitet von Hunderten Tellerchen Köstlichkeiten – exotisch anmutet, wo es keine Acro Yoga-Sessions gibt, keine Buchläden mit hippem Lese-Bistro, keinen Kebap-Internetcafé-Waschsalon-Copyshop, keine 24 Stunden am Tag geöffneten Supermärkte.

Du verabschiedest dich von deinen geliebten *Bucatini alla carbonara*, von den mit Pistaziencreme gefüllten *Cornetti* und von allen nur erdenklichen Kaffeevariationen: *corto*, aufgeschäumt, heiß, kalt, im Glas.

Leise sagst du *Ciao* zu den verstopften Straßen auf dem Weg zur Arbeit, dazu, bei Rot über die Straße zu laufen, zu dritt auf dem Roller zu fahren, du streichst City Bikes aus dem Gedächtnis, um deine Verbindung zur Natur wiederzufinden, die Tage nach dem Rhythmus von Sonnenauf- und Sonnenuntergang zu takten, zwischen Kneippbädern und Aufgüssen. Und um dich daran zu gewöhnen, am Abend zu Hause zu bleiben – *dahoam*.

Du lernst eine neue Sprache: Deutsch. Siehst ein, dass es hier nichts bringt. Und besuchst einen Kurs, um den *Puschtra* Dialekt zu lernen.

Du fängst mit dem Klettern an, bringst dir noch mal das Skifahren bei, arbeitest Tausende von Höhenmetern beim Aufstieg mit den Tourenskiern ab, nimmst fünf Kilo ab und stößt auf deine Erfolge mit einem wohlverdienten „Radler" (Bier-Limo) an. Du beginnst wieder mit dem Tragen von Unterhemden, den „ordentlichen".

Du ziehst dich in ein kleines Kuhdorf in den Bergen zurück und machst dich an das größte Unterfangen: zu bleiben.

Das hier ist für alle, die schon einmal mit dem Gedanken gespielt haben: „Wenn ich könnte, wie ich wollte, ..." oder „Ihr glücklichen, die ihr da oben in den Bergen lebt". Aber auch für alle, die dabei sind, den Mietvertrag zu kündigen, um fortzuziehen. Ein kleines Handbuch über das Leben als *Nuova Montanara*, als Berg-Frischling, als neue Bergbewohnerin, über die Abkehr vom Stadtleben und die Rückkehr in den Schoß der Natur, über einen etwas anderen Versuch der Selbstfindung (ohne gleich ein One-Way-Ticket nach Indien zu buchen). Über die Integration in eine Gesellschaft, die nicht auf dich gewartet hat. Darüber, sich ihr so sachte wie möglich anzupassen und sie zu deinem Zuhause zu machen, *tschuldigung*, zu deiner *Hoamat*. Und sich ein neues Leben in Südtirol aufzubauen, zwischen sportlichen Ambitionen, allgemeiner Sprachverwirrung, Integrationsproblemen und Geduldsproben.

Ihr da, die ihr danach lechzt, euch in die Abgeschiedenheit der Berge zurückzuziehen, der Großstadt den Rücken zu kehren, dem beharrlichen Ruf der Wildnis endlich zu folgen, oder aber ihr anderen, die ihr glaubt, Ski fahren zu können: Hier habt ihr eine kleine Sammlung an so einigem, was das Leben in den Bergen für euch bereithält.

Das Leben im Grenzgebiet, zwischen sportlichen Triumphen und demütiger Anpassung, zwischen widersprüchlichen Eindrücken – und ziemlich eindeutigen Gerüchen.

Anmerkung der Autorin

Ich habe Rom still und heimlich verlassen und bin nach Südtirol aufgebrochen, mit einem einfachen Rucksack auf den Schultern. Damit niemand Verdacht schöpfen würde.

Wir waren beide noch nicht bereit für die Trennung, weder Rom noch ich. So zog ich es vor, lieber einfach mal abzuhauen. So, als würde ich nur eine Nacht bei einem Freund verbringen und einen Tag später wieder zurück sein. In der Stadt zurückgelassen habe ich einiges: Bücher, Sandalen, Nagellack, Strandtücher, kurze Hosen, Trenchcoats und Mäntel, Paillettentops, Tüllröcke, eine Boa aus Straußenfedern, den Pelzmantel meiner Großmutter. Schade eigentlich, die Straußenfederboa hätte ich für mein neues Leben als Berg-Frischling sicher brauchen können. Nein, in Wahrheit war es so, dass ich dieses neue Leben nicht geplant hatte. Niemals hätte ich gedacht, ich würde Rom je verlassen – und mit der Ewigen Stadt meine Garderobe.

Ich bin nicht mit dem Gedanken nach Südtirol aufgebrochen, dort auch bleiben zu wollen. Einige Monate, so dachte ich, würden mir reichen. Gerade genug Zeit, um eine Ausbildung zur Wanderführerin zu machen, damit ich mir irgendwann meine Brötchen damit verdienen könnte, chinesischen Touristen die Berge zu zeigen. Doch ich blieb, um meine Ortskenntnis zu vertiefen. Während der Covid-Pandemie, einer Zeit, in der die Chinesen nicht einmal mehr in China beliebt waren, musste ich mir eine andere Beschäftigung suchen. So fing ich an, im Unternehmen meiner Verwandtschaft in Percha zu arbeiten. Nach drei

Monaten schaffte ich es gerade mal, einen Telefonanruf zu beantworten, aber immerhin hatte ich die transitive Dimension des Verbs (er-) „klettern" entdeckt und erfahren, was „mit Fellen gehen" bedeutet. Ein Jahr später überschritt ich tatsächlich die psychologische Schwelle, an der meinesgleichen normalerweise kapituliert: eine Schwelle, zusammengesetzt aus Knödel-Overflow, Bergtouren mit Start im Morgengrauen, Aufstiegen mit Überwindung unzähliger Höhenmeter und dünn gesäten Kinoabenden.

In diesem äußerst delikaten Moment, wo alles in einem danach schreit aufzugeben, in ein Paar alter Espadrilles zu schlüpfen und die Fliege zu machen in Richtung Süden – genau in diesem Moment also habe ich beschlossen zu bleiben. Ich habe mir gesagt: Eine Liebe in den Bergen, im Grenzgebiet, erfordert Zeit, Geduld, Ausdauer, Schwielen an den Händen und den erfolgreichen Erwerb eines halbdialektalen Akzents.

Habe ich schon erwähnt, dass ich noch Single bin?

Aufbruch

Früher oder später ist es so weit. Du bist zu einem Berg-Frischling, einem *Nuovo Montanaro* geworden.

Du streifst dir am Eingang einer kleinen Hütte am Waldrand deine Schuhe von den Füßen, in einer Provinz, in der man die Autonomie förmlich riechen kann. In einer nach Zirbenholz duftenden Kammer packst du deinen Koffer aus, räumst deine Funktionsunterwäsche ordentlich gestapelt in den mit Mottenkugeln ausgelegten Schrank, ersetzt die Sneakerfüßlinge durch Wollsocken und lernst, sie *Stutzen* zu nennen.

Früher oder später wirst du zu einem Berg-Frischling, und zwar unter dem Vorwand von Downshifting, Smart Working oder Digital Detox. Begonnen hat es vielleicht wie ein Selbstversuch, eine kleine Challenge, ein Gesellschaftsspiel. Enden wird es mit einer Entscheidung fürs Leben.

Den legendären Fiat Panda mit Allradantrieb, den braucht man gar nicht. Gute Nachrichten für dich: Um ein Berg-Frischling zu werden, musst du dein altes Auto nicht verkaufen und dir einen Panda zulegen. Es reicht, Winterreifen aufzuziehen.

Das Outfit hingegen erfordert schon mehr Fingerspitzengefühl. Die Suche nach einem guten Friseursalon sorgt oft schon für erste graue Haare, während die sorgfältig nach dem neuesten Trend in Form gezupften Augenbrauen wohl oder übel in der Großstadt zurückgelassen werden.

Mit der Zeit siehst du ein, dass es nichts nützt, wenn du dich nicht mehr rasierst, die Haare lang trägst, dir urige Zirbenholzschnitzereien um den Hals hängst und nur noch karierte Flanellhemden trägst. Es wird dich ihnen nicht näherbringen: den Gipfeln nicht, und auch nicht den Einheimischen, den *Hiesigen*.

Dein erster Sommer als Berg-Frischling wird aufregend. Wie elektrisiert machst du dich daran, die Geheimnisse des Abseilens am Doppelstrang und die Namen der seltensten Almblumen auswendig zu lernen. Du fängst gerade erst mit dem Bergsteigen an und erklimmst am Ende des Sommers gemeinsam mit einem Bergführer die Große Zinne.

Es wird dir ganz leicht vorkommen, dich von ihm auf den Gipfel hinaufschleifen zu lassen – eine Unternehmung, die nun wirklich jeder schafft. Du aber wirst der Illusion erliegen, in Topform zu sein, und stellst dich mit neu gewonnener Selbstsicherheit und vorgerecktem Kinn dem nächsten Winter.

Erstmals nimmst du die Sellaronda in Angriff und lernst dabei die wunderbare Bedeutung des Begriffs „Skikarussell" kennen. Erstmals wird dir dabei allerdings auch bewusst, wie überlaufen dieser alpine Rummelplatz mittlerweile ist: Pistenskifahren als verblassende Bourgeoisie-Nostalgie, der Skilanglauf hingegen als viel zu leichte Droge, um für Bergbegeisterte zum Trend zu werden. Nein, das Motto lautet: höher hinauf! – in jeder Hinsicht. Also versuchst du dich am Skitourengehen. Beim Aufstieg hängt dir schon bald die Zunge bis zu den Knien, überholt dich jedes menschliche Wesen im Umkreis von mehreren Kilometern, und der Gedanke an die bevorstehende Abfahrt lässt dir vor Panik das Blut in den Adern gefrieren.

Erzählst du den Einheimischen, die Große Zinne erklommen zu haben, entgegnen sie nur: „*Asou?* Die Nordwand?!"

Erzählst du, dass du die Sellaronda bezwungen hast, kommt nur wieder ein: „*Asou?* Auf Tourenskiern?!"

Erzählst du (im nun verzweifelten Versuch, die ohnehin schon bemitleidenswert tiefe Latte doch etwas weiter nach oben zu legen), dass du für die Besteigung der Nordwand der Großen Zinne trainierst, ist die Antwort ein lapidares: „*Asou?* Im Vorstieg?“

Angesichts solcher Bemerkungen wird das mulmige Gefühl, das du hattest, gleich nachdem du hier aus deinem winterbereiften Auto ausgestiegen bist, zur Gewissheit: Hier in Südtirol muss der Begriff „Sport“ neu definiert werden.

Die Worte „Sportler“ und „Sportlerin“ haben in der Provinz Bozen eine andere Bedeutung, sie sind im Lexikon unter einem anderen Buchstaben zu finden und haben nichts, aber auch gar nichts mit dem Stündchen joggen im Park zu tun, auf das du immer so stolz warst. Oder mit den CrossFit- und Padel-Tennis-Stunden, begleitet von einer Dauerdiät aus Mandeln und griechischem Joghurt. Der Südtiroler Sportler ist ein Übermensch: Gejoggt wird im Hochgebirge, mit dem Konditionstraining auf dem Rad werden höchstens die Muskeln vorgewärmt, und beim Padel lockert man sich allenfalls die Handgelenke auf, um sich danach nonchalant mit dem Paragleiter einen Hang hinunterzustürzen.

Entwickle jetzt bitte keine Minderwertigkeitskomplexe und versuche um Himmels willen nicht, da mitzuhalten. Denn es handelt sich um einen ganz anderen Ansatz, eine andere Sichtweise, kurz: eine andere Welt. Es ist der Autonomie-Effekt.

Wenn die *Hiesigen* dir sagen, dieses Jahr noch nicht Ski gefahren zu sein, fügen sie in Klammern hinzu: bis auf das Dutzend Skitouren halt. Und dir fällt es wie Schuppen von den Augen: Ihre Definition von „nicht Ski gefahren“ entspricht daher ungefähr der Menge an Skitouren, die du dir für den Zeitraum bis zu deinem 60. Geburtstag zum Ziel gesetzt hast. Mach dir nichts draus, es ist ja kein Wettrennen – du fügst dir nur selbst unnötiges Leid zu, wenn du glaubst, mit diesem komplett anderen Level mithalten zu können, mit einem andersgearteten

Stoffwechsel, diesem fremden Konzept des „Nicht-Sports“, einer anderen Lebensphilosophie.

Wer als *Puschtra* „keinen Sport treibt“, legt in einer Woche so viele Höhenmeter zurück wie ich in einem Kalenderjahr – wenn ich nicht schon dreißig wäre. Wer gemütlich geht, braucht für 1.000 Höhenmeter 1 Stunde und 20 Minuten, wer schnell ist, 38 Minuten. Während du unermüdlich trainierst, um einen bestimmten Gipfel wenigstens ein Mal im Leben zu erklimmen, kraxeln sie zweimal im Jahr rauf.

Mach nicht den Fehler, dich mit ihnen zu vergleichen: mit den Einheimischen, den *Hiesigen*. Lass es bleiben – aus Liebe, in erster Linie zu dir selbst. Versuch gar nicht erst, über die eroberten Berggipfel Buch zu führen, im Vergleich bist du chancenlos. Du misst dich hier mit Leuten, die um die 40 Mal auf dem Magerstein waren, auf dem Langkofel zwar nur 25 Mal, allerdings free solo, und die den Weitwanderweg „Hoch-Tirol-Trail“ in 21 Stunden bezwingen, 800 Höhenmeter zum Frühstück verspeisen, bereits als Kind auf die Große Zinne gekraxelt sind und auf die Nordwand im Vorstieg.

Quäl dich nicht, es hat keinen Sinn. Unterliege nicht der irrigen Annahme, unsportlich zu sein. Du bist in Topform. Es liegt nicht an dir, es liegt an ihnen, den Südtirolern. Sie übertreiben es einfach mit der Fitness, und auch nur daran zu denken, sie einholen zu wollen, wäre so unmöglich wie sinnlos.

Bei deiner Ankunft in Südtirol ist es notwendig, zusammen mit der Sprachgruppenzugehörigkeit auch sofort und ohne Umschweife die eigene Unsportlichkeit zu erklären. Auch Ski fahren kannst du nicht, das machst du am besten gleich lautstark und hocherhobenen Hauptes klar. Sei beruhigt: Das gilt eh nur hier. Im Rest der Welt bleibst du eine energiegeladene, sportliche, fitte Person. Aber in so ziemlich jeder Disziplin (außer vielleicht dem Segeln) kannst du in Südtirol nur verlieren.

Sobald die Winterreifen gekauft sind und die Neudefinition von Sport abgeschlossen ist, bist du bereit, die Mautstelle an der Autobahnausfahrt zu passieren, wo die vertraute Frauenstimme auf Italienisch fordert: *„Ritira il biglietto."* Auf sie folgt, weniger vertraut, das deutsche Pendant: „Beleg entnehmen." Den Schreck federt sofort wieder die Blechstimme des italienischen Fräuleins – der vertrauten Begleiterin jedes Urlaubs am Meer – ab, mit ihrem Scheppern und dem beruhigenden Akzent: *„Grazie e arrivederci."* Und wieder die andere Stimme gleich hinterher, streng und keine Widerrede duldend: „Danke und gute Fahrt." Nun bist du bereit, diese Schranke hinter dir zu lassen, ohne die Quittung zu entnehmen, das Autoradio auf nie zuvor gehörte Sender einzustellen, wo man sich mit großem Ernst über Strudelrezepte austauscht und die Playlist ungefähr so klingt …

Freie Leit

Herr und Frau Südtiroler sind freie Leute.

Die nun folgende Bestandsaufnahme soll keineswegs eine allgemeingültige Charakterisierung der Einwohner Südtirols sein, das wäre etwa so vermessen wie von „den" Chinesen zu sprechen: Es sind einfach zu viele unterschiedliche. Viel eher dient sie der Vertiefung meiner Studien über alle möglichen Arten von Südtiroler:innen, mit denen ich während des ersten Jahres, in dem ich in Südtirol weilte, zu tun hatte. Deshalb mein Appell an alle Kalterer, Deutschnofner, Kurtatscher und Ultner Südtiroler:innen: Fühlt euch *in Gottsnomm* nicht betroffen! Niemals würde ich es auch nur wagen, eine eingehende Untersuchung eurer *Hauspotschn*, Haarschnitte oder Fingernägel vorzunehmen, weshalb jedwede Ähnlichkeit oder Übereinstimmung als purer Zufall gewertet werden soll.

Tschurtschenthaler, Oberpertinger, Untersteiner, Runggaldier, Schwingshackl, Großgasteiger, Mayer mit y und Maier mit i: *freie Leit.*

Mit Südtirolern zu tun haben heißt, sich mit freien Menschen zu messen, mit Menschen, die das Konzept „Lebensqualität" in neue Sphären erhoben haben und das Beste aus dem Trendbegriff *Work-Life-Balance* herausholen. Tatsächlich haben die Südtiroler ihre Freizeit zu einem Kult gemacht. Sie arbeiten – nein, sie *puggln*, *lougisch* –, aber außerhalb der Arbeit gibt es eine Welt, sehr oft eine sportliche, der eine enorme Bedeutung beigemessen wird. Deshalb wird in Südtirol üblicherweise von 8 bis 17 Uhr gearbeitet, und zwar an fünf Tagen pro Woche – *anzi*, viereinhalb, denn der Freitagnachmittag wird gerne wörtlich und damit freigenommen; einige ganz Passionierte berichten mit vor Glück strahlenden Augen, dass sie *Turnusarbeit* machen und vor Sonnenaufgang einstempeln, um noch vor dem Mittagessen fertig zu sein. Oder sie fangen nachmittags an und arbeiten bis tief in die Nacht, sodass sie die ganze restliche Zeit darauf verwenden können, sich körperlich zu ertüchtigen: mit Radfahren, Bergläufen, Klettertouren, auf Enduro-Trails, beim Paragliding. Die meisten leben unweit ihres Arbeitsorts, und auch wenn sie sagen, viel Zeit im Berufsverkehr zu verlieren, ist doch glasklar, dass sie keinen Schimmer davon haben, was „richtiger" Verkehr bedeutet. Wer sich über verstopfte Straßen in Bozen beschwert, war garantiert noch nie auf der *Grande Raccordo Anulare* in Rom.

Aber was ist mit Einkaufen? Shopping? Arztbesuchen? Friseurterminen? *Ladies and gentlemen,* meine Damen und Herren, *signore e signori*: In Südtirol muss alles, was nicht mit Sport zu tun hat, selbstverständlich während der Arbeitszeit erledigt werden (dafür gibt es sogar extra Freistunden vom Arbeitgeber). Denn keine Arztpraxis, kein Geschäft, Friseur- oder gar Schönheitssalon hat nach 18 Uhr, am Samstagnachmittag oder – Gott bewahre! – gar am Sonntag geöffnet. Und so wird sichergestellt, dass die Menschen ihre Freizeit dann wirklich exklusiv ihrer körperlichen Ertüchtigung widmen können: allein, mit Freunden oder mit der ganzen Familie. Da sieht man sie dann, die Südtiroler:innen, wie sie auf dem Rad, mit Rodel oder Paragleiter, mit Fullface-Helm oder ohne, mit Offroad-Crossbuggy-Kinderwagen oder Kraxe die Berge hinauf- und hinabwuseln, um ihre unantastbare Freizeit dem Sport zu weihen.

Die *freien Leit* erkennt man an ihrem alpin-urbanen Outfit. Selbst im Büro tragen die Südtiroler:innen einen Casual-Look, der fast schon an Funktionskleidung grenzt, so als wäre ein Teil von ihnen allzeit bereit, zu einer Bergtour auf einen Viertausender aufzubrechen oder zu einer Klettertour im siebten Grad mit Abseilen im Doppelstrang. Sie tragen im Alltag eine Windjacke, auch Hardshell genannt, Zustiegsschuhe, und wenn sie ein Hemd anhaben, sind sie jederzeit darauf gefasst, es sich vom Leib zu reißen, um die gestählte, lediglich von einem High-Performance-Thermo-Unterhemd bedeckte Brust freizulegen. Willens, alles stehen und liegen zu lassen, den Kuli auf den Schreibtisch zu werfen, um beim geringsten Anzeichen von Schönwetter, beim ersten Anflug von Leerlauf bei der Arbeit, beim ersten abgesagten Meeting … den nächstbesten Gipfel zu erklimmen. Die Ausrüstung ist – je nach Gusto – bereits im Kofferraum: Seile, Skier, Trinkflasche und Rucksack, Lauf- oder auch Fußballschuhe, denn die Serie B des FC Südtirol ist nur der Anfang, man rüstet sich für die Champions League.

Herr und Frau Südtiroler in Zivil sind im Allgemeinen keine *Fashionistas*. Weder passen sie auf die städtischen Laufstege von Mailand noch auf die in Paris, und wenn es die Saison erfordert, tragen sie das klassische weiße Unterhemd, die *Canottiera*, mit Würde und Nonchalance, ohne besonderes Drama. Sie tragen keine großen Marken, auch haben sie es nicht nötig, sich als eine urigere, rauere Version von sich selbst zu inszenieren, außer es handelt sich um einen marketingstrategischen Notfall. Sie waschen und rasieren sich, schneiden sich die Haare (natürlich nur, falls sie es schaffen, einen Friseurtermin zu ergattern und sich dafür einen halben Tag von der Arbeit freizunehmen). Sie strahlen zwar keine Eleganz aus, vernachlässigen ihr Erscheinungsbild aber auch nicht.

In seiner Freizeit hingegen, in seinem natürlichen Habitat, zeigt der Südtiroler Archetyp das Beste von sich und seinem Outfit, indem er die Highlights der aktuellen Kollektion alpiner Modeperlen zur Schau stellt.

Bummelt man durch die Südtiroler Dorf- und Stadtzentren, kann man sich oft des Eindrucks nicht erwehren, man befände sich inmitten von Menschen, die sich für eine Achttausender-Expedition, einen Ultratrail oder einen Skilanglauf-Marathon gerüstet haben oder gerade davon zurückkehren. Wenn das Outfit diese Vermutung nicht nahelegen sollte, dann auf jeden Fall ihr Körper: sehnig, schlank, durchtrainiert. Aus Zirbenholz gemeißelt.

Der Jahreszeitenwechsel in Südtirol wird markiert vom Wegräumen der Skier und Aus-dem-Keller-Holen des Mountainbikes – und umgekehrt. Die Skier werden im Juni weggeräumt, um sie so bald wie möglich wieder hervorzukramen, idealerweise im September. Ein Südtiroler Sommer ist kurz, aber intensiv.

Der Rodelsport – oder gar das Monoskifahren – wird mit großer Ernsthaftigkeit und Hingabe praktiziert, mit Wettrennen und auf eigens präparierten Bahnen und Pisten, die auch nachts beleuchtet sind; ein paar *Schnapslan* gehören dabei immer dazu.

Die Klettersaison beginnt im Februar an den Südwänden, setzt sich im Sommer an den Ost- oder Nordwänden fort, kehrt im Herbst wieder an die Südwände zurück, um dann am Tor zum Gardasee und zum Winter auszuklingen, nämlich in Arco: knapp außerhalb der Landesgrenze, aber in vernünftiger Entfernung von *dahoam*, da mit dem Auto in einem Tag bequem erreichbar.

Und zwischen all diesem Heraus- und Wieder-weg-Geräume von Skiausrüstung und Mountainbikes gibt es da noch das E-Bike, das einen mittlerweile durch alle vier Jahreszeiten begleitet. Meine Damen und Herren, *signore e signori*, wisset, dass man sich zum 14. Geburtstag in Südtirol kein Moped, keine *Vespa*, keine *Ape,* dieses typisch italienische Gefährt für Möchtegernrennfahrer, wünscht, nein: Ein E-Bike muss es sein. Es ist nämlich das wahre Prêt-à-porter-Teil, es passt zu allem. Perfekt für den

Sommer, wo man die ersten 1.000 Höhenmeter auf der Forststraße gemütlich mit dem Rad zurücklegen kann, um dann eine Sechser-Route zu klettern und frisch und locker-flockig ein Gipfelchen mitzunehmen, von dem aus man eine dieser viel zitierten Dolomitenaussichten genießt, die einem schier den Atem rauben. Perfekt aber auch für den Winter, da geht es zum sogenannten Bike&Ski: Auf dem Drahtesel, die Skier auf den Rucksack geschnallt, Skischuhe bereits an den Füßen, bis zur Schneegrenze strampeln, dort wird das Bike an einen Baum gelehnt und der Weg über die schneebedeckten Hänge in Form einer Skitour bis zum Gipfel fortgesetzt.

In den Tälern Südtirols leben sie derzeit noch zusammen, die neuen und die alten Bergbewohner *(Montanari)*. Sie unterscheiden sich weitgehend durch ihre Ursprünge, Werte, Akzente und körperliche Konstitution. Nur eine Ähnlichkeit vereint sie: die Pantoffeln. Tatsächlich ist das Erste, was ein alteingesessener Bergbewohner macht, nachdem er über die Schwelle seines Hauses getreten ist, sich die schweren Bergschuhe von den Füßen zu streifen und Pantoffeln anzuziehen. Dabei handelt es sich keinesfalls um Badeschlappen, strandtaugliche Flip-Flops oder gar Plastiksandalen für felsige Meeresufer. Nein, im Haus tragen Herr und Frau *Montanaro* „gewalkte" Pantoffeln aus Wollfilz oder ihre festere Variante, Leder*patschen*, neuerdings gerne auch diese hässlichen Plastiktreter mit Luftlöchern auf der Oberseite. Schuhwerk jedenfalls, das dann endlich seiner ursprünglichen Bestimmung zugeführt wird. Die alten *Montanari* verlassen tatsächlich ihr Haus nicht mehr, sobald sie erst mal Pantoffeln an den Füßen haben – nicht einmal auf einen Sprung in den Gemüsegarten, in den Garten oder um den Müll rauszubringen: Selbst dazu tragen sie ordentliches Schuhwerk. Berg-Frischlinge hingegen tun sich, sobald sie sich erst in den Südtiroler Tälern niedergelassen haben, schwer damit, sich von dem exzessiven Pantoffeltragen zu distanzieren. Sie können bald gar nicht mehr ohne.

Auch wenn oberflächlich betrachtet alle gleich erscheinen und möglicherweise Zweifel daran aufkommen könnten, neue und alte *Montanari* auf den ersten Blick korrekt unterscheiden zu können, etwa wie Chinesen und Koreaner, wird schnell klar, was den Unterschied ausmacht: die schwarzen Fingernägel. Jawohl. Denn der neue Bergbewohner hat sich eine krankhafte Passion für Maniküre bewahrt, die der alte seit jeher ablehnt. Ihnen gemeinsam ist allerdings neben dem Pantoffeltragen die tief verwurzelte Wertschätzung der Freizeit und die Neigung, sich über Witze wie den gerade eben zu echauffieren. Denn nachtragend sind sie auch noch, die *Montanari*.

Unter den freien Männern und Frauen Südtirols lassen sich mehrere Unterkategorien unterscheiden:

Do Seppi mitn blauen Schurz

Dieses Klischee von einem Bergmenschen durch und durch existiert tatsächlich (immer noch). Obwohl belächelt, herabgewürdigt und von Theater und Film parodiert, ist der Mann mit Filzhut und blauer Schürze in der Realität durchaus vertreten, er befindet sich mitten unter uns, mit hoch erhobenem Haupt. Der *blaue Schurz* symbolisiert Arbeitsamkeit, Erfahrung, die Lust, anzupacken. Der Südtiroler mit dem *blauen Schurz* sendet eine klare Botschaft an sich selbst und alle anderen: Er arbeitet. Ob diese Arbeit nun darin besteht, die Grabungsarbeiten auf einer Baustelle zu „überwachen“, am Tresen der Mila-Bar einen *Weißn* zu trinken oder einen *Watter* (das allgegenwärtige Kartenspiel Watten) am Stammtisch in der Dorfbar zu machen, spielt dabei eine untergeordnete Rolle. Der *blaue Schurz* verleiht ihm eine Aura der Unantastbarkeit, ein Alibi, den Beweis für seine Emsigkeit. Und wenn er ihn trägt, ist eines gewiss: Es ist nicht Sonntag.

Do Musig-Manni

Er ist eine feste Größe bei jedem Übergangsritual im Leben eines Südtirolers. Ob Taufe, Erstkommunion, Hochzeit oder Begräbnis: Der Musikkapellen-Mann begleitet die Zeremonie wahlweise mit Horn, Tuba, Oboe oder Ähnlichem. Er organisiert Sommer- und Winterfeste, nimmt an musikalischen Austauschprogrammen teil oder wird von Musikkapellen aus anderen Tälern eingeladen. Die landestypische Tracht trägt er nur während seiner *Performance*, aber man erkennt ihn immer, weil er auch in Zivil nicht darauf verzichtet, wenigstens einen Gürtel, eine Geldtasche oder ein Lederarmband zu tragen, die seine Zugehörigkeit zur Kapelle der Heimatgemeinde, zur *Musig*, demonstrieren. Der Musikkapellen-Mann ist 365 Tage im Jahr im Einsatz, weil er bei jedem religiösen Feiertag, Kirchtag und Heiligenumzug aufspielen muss – Musikproben nicht mitgezählt. Ein Mann, der niemals Ruhe hat, der aber aus purer Freude spielt: seiner eigenen und der seines Publikums. Und wenn er sich auch ständig am Rande eines Burn-outs befindet, der aufgrund der schieren Masse an Proben und Konzerten unweigerlich bevorsteht, so würde er doch niemals darauf verzichten, das Dorfleben durch seine musikalischen Beiträge zu bereichern. Sein Wirken erscheint ihm unabdingbar, um dem gesellschaftlichen Leben seiner Gemeinde den nötigen Takt zu geben.

Do Freiwillign-Hebo

Ein Feuerwehrmann, eine Garantie. Verlässlicher Beschützer jedes Wäldchens, jedes kleinen Grundstücks, jedes Heustadels, jedes Bauernhofes. Er hat immer eine Lösung parat, ob Gasleck, Funkenflug oder Sodbrennen.

Da die Anzahl der Feuerwehrhallen in Südtirol die der Kirchtürme übersteigt, kann man im Ernstfall auf ein weitverzweigtes Brandlösch-Netzwerk zurückgreifen, ausgestattet mit einer Flotte von Einsatzfahrzeugen, die eines Actionfilms aus dem Marvel-Universum würdig wäre. Die Freiwilligen stehen in schmucker Uniform allzeit bereit, ob nun ein Waldbrand zu löschen oder ein Dorffest zu organisieren ist.

Do Bergretter-Peto

Der Bergretter ist die Premiumversion des Feuerwehrmannes: Er patrouilliert in luftigen Höhen, zwischen Felsspalten und Schneeverwehungen. Außerdem hat er einen Hubschrauber zur Verfügung. Er spezialisiert und fokussiert sich laufend auf das Suchen, Finden und Nach-Hause-Bringen von Berg-Frischlingen, die sich ohne Helm und Klettergurt einen Klettersteig entlanghangeln, um das ultimative Selfie zu machen, oder die, sobald sie das Ziel erreicht haben, von Panik erfasst werden und den Berg nicht mehr hinunterkommen.

Zu den leichtesten Übungen des Bergretters gehört es, Berg-Frischlinge in Sicherheit zu bringen, die beim Gipfelkreuz auf 2.500 Höhenmetern von plötzlichen Erfrierungssymptomen heimgesucht werden. Im Tanktop. Und in Hotpants. Im August. *Signore mie,* das Unter*leibchen*!

Do Nobi, der Bio-Mann

Er ist der große Blonde mit den zerzausten langen Haaren, den von der Sonne zart gebräunten Bäckchen, den tiefen Falten, die sein von einem permanenten Lächeln gezeichnetes Gesicht zerfurchen. Mit großen, gesunden, strahlend weißen Zähnen, einem karierten, bis an die Ellbogen zurückgekrempelten Flanellhemd, einer Jeans mit Löchern an den Knien, die robusten Pranken ständig voll frisch gemolkener Milchreste und/oder von Erde, in der er seine Bio-Karotten zieht. Seine Töchter laufen zwar immer barfuß, aber angezogen sind sie wie Prinzessinnen, dazu strohblond und flink wie Wiesel, und mit einem Kranz aus geflochtenen Blumen im Haar. Der *Bio-Mann* ist keinem „Frisch vom Feld"-Werbespot entsprungen, auch nicht der *Vogue* (Oberpustertaler Edition). Weder handelt es sich hier um einen Durchschnitts-*Montanaro*, noch um den Bauern vom Nachbarhof: Nein, das ist der *Bio-Mann*, bei dem man von Mai bis Oktober einkaufen kann, und er führt die gelungenste Marketingkampagne überhaupt, weil er genau so ist, wie wir ihn haben wollen. Insta-tauglich, aber ohne jeden Filter.

Giovanni Fontana (im Tal: Hans Brunner), *Nuovo Montanaro / Berg-Frischling*

Längere, etwas vernachlässigte Haare und dichte Augenbrauen, die nur noch eine flüchtige Reminiszenz an den Möwenflügel-Style der Schönheitssalons in der großen Stadt sind, die er zu besuchen pflegte. Der prätentiöse, wild wachsende Bart, die Funktionshose mit dem Sponsorenlogo in Übergröße auf dem Oberschenkel, die Ärmel bis zu den Unterarmen hinaufgekrempelt, der aufgeknöpfte Hemdkragen, der einen Blick auf die stoppelige Männerbrust gewährt – ein Überbleibsel längst vergangener sommerlicher Epilier-Orgien –, Zirbenholzschnipsel, die wie zufällig um Hals und Handgelenk baumeln und seine enge Bindung zu dem Ort demonstrieren, an dem er eine neue Heimat gefunden hat. Und nicht zu vergessen: sein Blick. Müde, aber glücklich.

Außer der Kategorie des *Berg-Frischlings*, die ziemlich einzigartig ist, sind alle anderen Südtiroler Typen austausch- und ihre Eigenschaften kumulierbar. Der Südtiroler kann also *freiwillig* und *bei der Musig* sein, er kann sowohl *Bio-Mann* als auch *Bergretter* sein, und die Fälle von *Freiwillign*, die Oboe spielen und unter der Woche den *blauen Schurz* tragen, sind gar nicht mal so selten.

Die Südtiroler Frauen gehören, wenn sie dort auch in der Minderheit sind, ebenso allen oben erwähnten Freiwilligenvereinen an. Es ist aber nur richtig, einige tendenzielle Unterschiede in den Gepflogenheiten und Lebensstilen festzuhalten, die mit der Altersgruppe und dem Familienstand zusammenhängen.

Die Boulder-Linda

Sie ist 24 und natürlich schön. Nicht so schön, dass man sich auf der Straße nach ihr umdreht, auch nicht, dass man langsamer fährt, also nicht feurig-schön. Gesund-schön. Sie trägt die langen Haare zu einem Pferdeschwanz zusammengebunden und wurde noch nie mit etwas gesehen, das auch nur entfernt an einen modischen Haarschnitt erinnert. *Dilinda* hat das gar nicht nötig. Sie trägt kein Make-up, das hat sie ebenfalls nicht nötig. Sie hat den Körper einer Olympionikin: ein Gesäß, das so straff gewölbt ist wie der Schwarzenstein, dazu lange, schlanke Beine. Beim Sport ist sie unermüdlich, nach hartem Training füllt sie ihren Flüssigkeitshaushalt lediglich mit etwas purem Apfelsaft auf. Diese junge Südtirolerin war, soweit die kollektive Erinnerung zurückreicht, noch nie Single. Es scheint, als hätte sie sich bereits im Kindergarten verlobt, natürlich mit einem *Bergretter*. Laut Statistik wird sie innerhalb der nächsten drei Jahre verheiratet sein und Nachwuchs haben. Leichtfüßig und hingebungsvoll balanciert sie auf dem Grat zwischen Jugend und Erwachsenenalter, allzeit zum Kinderkriegen bereit, in klarer Gegentendenz zum gebärfaulen Rest Italiens (oder Europas, oder der westlichen Welt). Zuvor allerdings schafft sie noch eine 8a-Route.

Die Gasthof-Traudi

Sie ist 48 und hat sich schlecht gehalten. Die rosa Wangen haben einer etwas verhutzelten Gesichtslandschaft Platz gemacht, viel frischer Luft und wenig Botox sei Dank. Sie ist eine

Athletin, fährt Ski, klettert, wandert in den Wäldern und im Hochgebirge. Sie hat breite Schultern, stramme Waden und in Stein gemeißelte Oberarme. Ihr gehört der Hof, den ihr Mann bewirtschaftet, der Mann mit dem *blauen Schurz*, und *Ditraudi* ist dort keineswegs mit Kühemelken beschäftigt, sondern fungiert als Managerin des Gastbetriebs, den sie von einem alten Heustadel in ein „Mountain Retreat" mit Spa und Skiraum verwandelt hat. Mit einem ausgeprägten Geschäftssinn ausgestattet und großzügigen Subventionen aus dem Provinzhaushalt bedacht, hat sie aus dem Hof ein Paradebeispiel einer Hospitality-Struktur gemacht, wo das Melken zur Experience wird und das Einbringen des Heus zu einem gut bezahlten Extra-Event („Wir nehmen auch Mastercard"). Obacht vor dem Händedruck, er kann tödlich sein.

Die Bigi, die *Naturschönheit* (mehr Natur als Schönheit)

Sie ist 35 und wäre eine schöne Frau, wenn sie nicht so versessen darauf wäre, „ganz natürlich" zu bleiben. Der Illusion verfallen, die dünne, aber eindeutige Linie, die sie von ihrem Selbstbild als Zwanzigjährige trennt, würde niemand sehen, läuft sie weiterhin ungeschminkt und ganz natürlich herum, obendrein im Trainingsanzug, weil sie ja ständig Sport macht. Natürlich ist sie ledig. Ledig mit 30, das ist in Südtirol nicht so wie im Rest Italiens (oder Europas, oder der westlichen Welt) – um ehrlich zu sein, ist es ein bisschen so, als wäre man ledig in China. Nicht normal. In Südtirol ist es nämlich so: Wenn du dich verliebst, dann auf jeden Fall in der Oberschule. Verlobst du dich, dann sicherlich bevor du zum Studieren nach Österreich gehst. Bei deinem Uni-Abschluss bist du – schwupps! – schon verheiratet, und wenn du keine Universität besuchst, geht das Ganze noch schneller vonstatten. Um die Wahrheit zu sagen, besteht gar keine besondere Notwendigkeit zu heiraten, darin zieht Südtirol durchaus mit den anderen Regionen gleich, wo der eine oder die andere – oder beide – mit Stolz und Bestimmtheit beschließen, einfach nur *„zomm"* zu sein, Lebenspartner. Kinder werden allerdings trotzdem produziert, und zwar früh.

Übrig bleiben die anderen, die Bigis, die eigen- oder fremdbestimmt noch da draußen sind, auf dem freien Markt. Der Markt bietet ihnen zur Auswahl größtenteils Fünfzehnjährige, die noch gar nicht daran denken, oder aber Fünfzigjährige, die vom Daran-Denken schon die Schnauze voll haben. Alle anderen sind schon vergeben und hetzen zwischen Kindergarten, Schule, Sprechstunden, Wettkämpfen, Trainings und den vom Südtiroler Schulkalender rigoros auferlegten Familienferien unterm Jahr hin und her.

So flattert *Dibigi* frei über die Wiesen, treibt Hochleistungssport, hat immer Zeit, dich zum Klettern zu begleiten, und treibt sich, wenn sie keinen Partner findet, zwischen den Felswänden herum, bis sie jemanden trifft, mit dem sie zwei, drei Seillängen klettern kann. Es ist nicht gesagt, dass sie sich jemals schminken oder eine Familie gründen wird. Sicher ist nur, dass keine Frau in Südtirol wirklich ein freies Herz hat, und wenn sie allein unterwegs ist, dann nur, weil es ihr gebrochen wurde, sich in einem Strauch am Wegrand verfangen hat oder in einer Felsspalte stecken geblieben ist.

Die Enduro-Kathi

Sie ist 50 Jahre alt, aber man sieht es ihr nicht an. Im zarten Backfischalter hat sie einen vielversprechenden Südtiroler Hotelier geheiratet, die Kinder wurden zur rechten Zeit in die Welt gesetzt, sie hat ihnen dabei zugesehen, wie sie gewachsen sind und zu den ersten Flugversuchen ansetzten – mit dem Paragleiter. Jetzt ist sie die Einzige mit einem ordentlichen Haarschnitt, weil sie Zeit für den Friseur hat. Als Einzige hat sie verstanden, dass ein Klecks Make-up und etwas Wimperntusche keine Todsünden sind. Sie hat als Einzige mehr Energie als die *Boulder-Linda* und übt noch extremere Sportarten als diese aus. Nun ist sie überzeugter Single, *Dikathi*, und widmet sich dem Enduro, einer Sportart, bei der man sich, geschützt durch einen Vollvisierhelm, auf einem Rad ohne Sattel einen Berghang hinunterstürzt. Ziel der Übung ist der Adrenalinkick, der einsetzt, sobald man sich des allgegenwärtigen Risikos bewusst wird, sich explosionsartig sämtliche Knochen auf einmal zu brechen, wenn man auch nur eine hervorstehende Baumwurzel übersieht. Sie fährt regelmäßig Rad, geht auf Skitouren, klettert, montags schiebt sie noch eine Salsastunde ein, und natürlich hat sie die beneidenswerteste Figur, die du dir vorstellen kannst: Brüste, die der Schwerkraft den Kampf angesagt haben, oder nein, ihr – und das ist wörtlich zu nehmen – von oben herab ins Gesicht lachen, kein bisschen Winkefleisch am Trizeps, kein labbriges Oberschenkelfett, und nicht die Spur eines Bäuchleins. Das gestählteste Sixpack in der Geschichte des Bodybuildings lugt unter dem Top dieser Frau hervor. Überhaupt, dieses Top: Hättest du mit 30 Jahren so was getragen, hättest du heute längst Rheuma. Sie hingegen spürt keine Kälte. Die Temperatur kann noch so sehr unter null fallen, sie fühlt sich einfach wohl in ihrem *Leibchen*. Frei, Herrin über sich selbst, und in ihrem Alter wohl auch über das Klima.

Mariagiulia Cirelli Senoner, die Verlobte des Bergführers

Nuova Montanara mit Gold Card. Eine Frau aus dem Norden Italiens, sportlich seit ihrer Geburt. Sie kam für eine Woche Skiurlaub (die berühmte *„settimana bianca“*) nach Südtirol, blieb hier und machte heimlich, still und leise ein Upgrade durch, einen Qualitätssprung hin zu einer neuen Spezies. Schockverliebt zwischen einer Skitour und einer Kletterstunde, sagte sie schließlich Ja. Ja, ich will. Und zwar: mit Sack und Pack in das hinterste Tal der Provinz ziehen, von der Sportlerin zur Athletin werden, eine 7 klettern, an Vertical-Bewerben teilnehmen. Sie macht die Sellaronda gleich auf Tourenskiern, bei ihrem Sprung über die Spezies-Barriere sind einige Pfunde sowie ihr Sinn für Ironie als Kollateralschäden auf der Strecke geblieben. Sie spricht Italienisch, hat aber auf den *Puschtra* und *Teldra* Dialekt und auf das Ladinische geeichte Ohren, aus Liebe zur Sprache. Sie hat alles ausgetauscht: ihren Freundeskreis, die Fernsehsender, ihre Kleidung, den Stoffwechsel. Wenn sie nicht um 18 Uhr zu Abend isst, gerät sie in Unterzucker, und auf Kommando kocht sie Knödel, Gulaschsuppe und Sauerkraut, dass es eine Freude ist. Sie trägt die wilde Mähne von jemandem, der den Friseur seines Vertrauens in der Stadt betrogen hat, aber den stolzen Blick von jemandem, der das trotz allem kein bisschen bereut.

Marine, die Pariserin

So schön, blond, trainiert und mit flachem Bauch und Mindest-Ruhepuls gesegnet die Südtiroler Frauen auch sein mögen: Sie sind nicht die interessantesten Exemplare der hiesigen Fauna. Es ist daher nötig, vertiefend auf die Französinnen einzugehen, zumindest auf eine davon. Als keine Frau vieler Worte hat sich Marine Piquet perfekt dem Stil der Einheimischen angepasst, ohne ihre nationale Leidenschaft aufzugeben. Unter der Woche ist sie *Maître Chocolatier*, während sie am Wochenende auf Berge klettert und die Gipfel anpeilt, natürlich nur die, die sie interessieren. Wenn sie unter 3.000 Meter hoch sind und auf ihrem höchsten Punkt kein Kreuz steht, nimmt sie sie nicht einmal wahr. Marine Piquet ist das Paradebeispiel dafür, wie Südtirol die Menschen nach seinem Muster und Gutdünken formt, ohne jedoch ihre Seele umzukrempeln. Wäre sie vollständig von der Südtiroler Kultur verschlungen worden, drehte sie heute wahrscheinlich Knödel auf einer Almhütte, die man zu Fuß und mit dem Kinderwagen erreichen kann, sie führte die Hütte im Sommer und das Bed & Breakfast im Tal im Winter, während sie den Apfelstrudel als Fertigware im Supermarkt kaufen würde, aus praktischen Gründen. Aber nein, Frau Piquet beschenkt die rustikalen Gaumen der Südtiroler mit ihren Perlen aus der französischen *Chocolatier*-Kunst, während sie samstags und sonntags unweigerlich jedes einzelne Gipfelkreuz erstürmt. Kommt sie auf dem Rückweg an einer Schutzhütte vorbei, bestellt sie ein Radler. Und sie gibt nie der Versuchung nach, einen Strudel zu probieren, niemals.

Lavinia, die Römerin

Und dann gibt es da noch die Römerinnen, ebenso selten wie die Französinnen, aber präsent, nicht wegzudenken, unabdingbar. Und man braucht nicht zu meinen, man fände sie in der Meraner Therme, in einem Brixner Kino oder in *Brunico* in einem Café, nein, *signore e signori,* die Römerinnen sind recht gleichmäßig auf die Täler verteilt. Im hintersten Dorf des längsten und engsten Tales Südtirols lebt eine Römerin, die nur wegen ihres tief verwurzelten Hauptstädterinnen-Gens überlebt, einem inneren Gefühl der Überlegenheit, den nur die Nachfahren Julius Cäsars weitervererben können. Die Römerin unternimmt keine Skitouren, weil es zu gefährlich ist, sie geht nicht langlaufen, weil es zu anstrengend ist. Zweimal im Jahr begibt sie sich auf die Piste, gleich oft, wie sie in einer Hütte anzutreffen ist. Weil sich die Römerin nicht wie die Pariserin vom Bergsteigertraum einlullen lässt. Sie hat dem Lockruf des Gipfels bisher widerstanden und auch nicht nachgegeben, als der erste Pulverschnee einladend wie ein Teppich darauf wartete, durchpflügt zu werden.

Unerschütterlich, unbestechlich, untadelig macht die Römerin am Samstag ihren Großeinkauf im Supermarkt und bleibt am Dorfcafé stehen, um einen *Ratscher*, ein Schwätzchen, zu machen. Sie hat eine Liste der besten Friseursalons im ganzen Tal, geordnet nach Verfügbarkeit der Termine, Qualität der Haarfärbemittel, Talent für Haarschnitte, Preis. Sie hat sie alle ausprobiert und bewertet, weshalb sie diejenige ist, die du um Rat zum Friseurbesuch fragst. Sie hat eine komplette Garnitur an großstadttauglichen Kleidern aufbewahrt: Lederjacken, auf alt getrimmte Sneakers und, für Momente sportlicher Betätigung, Leggings – aus Baumwolle! Sie lebt (natürlich) im Talschluss, stoisch, ständig beschäftigt, hoffnungslos verliebt in einen Skilehrer. Sie spricht nicht schlecht über die Bewohner des Ortes, wenngleich sie zugibt, von ihren Konversationen ausgeschlossen zu werden. Sie beklagt sich nicht über die Kälte, nicht einmal, wenn sie schon lila Lippen hat. Sie bettelt nicht auf Knien um die Zusendung von etwas *Guanciale* und *Pecorino* im Gegenzug für jeden Gefallen. Es gibt nur eine Sache, die sie die Fassung verlieren lässt, die sie mit heiligem Zorn erfüllt: wenn sie anderen als *„l'italiana"* vorgestellt wird. Ein völlig inakzeptabler Affront. Und wenn die Römerin zornig ist, packt sie ihren Mann am Zipfel seines *blauen Schurzes*, zieht ihn zu sich heran, schaut ihm fest in die Augen und fährt ihn an: „*Ahò*, hör schon auf. *Du* bist vielleicht Italiener. *Ich* bin Römerin."

Du, die *Nuova Montanara / Berg-Frischling*

Bleibt noch der Blick in den Spiegel: du. Die Augenfarbe ist braun geblieben, rundherum haben sich feine Linien eingegraben, die sich bei einem deiner seltenen Lächeln zu tiefen Furchen ausweiten. Sie gleichen Felsspalten. Liegt wahrscheinlich an der Sonne. Oder am Alter.

Du bist 32, du kannst die Schuld noch auf die Sonne schieben.

Die schwarzen Mitesser auf deiner Nase sind fast verschwunden, die talgigen Poren haben sich geschlossen. Bergluft reinigt die Haut, vielleicht stimmt das ja tatsächlich. Aus den Nasenlöchern lugen die schwarzen Spitzen feiner Härchen. Das Leben in den Bergen lässt einen verwildern, gib's zu. Den Oberlippenflaum hast du dir in unzähligen Sitzungen weglasern lassen, in deinem vorherigen Leben in der großen Stadt. Zum Glück, sonst würde er nun nahtlos in die Nasenbehaarung übergehen und du würdest wohl kaum noch Luft bekommen.

Ein Lächeln verschenken deine Lippen nur selten. Sie dosieren es sparsam, halten es zurück für die raren Momente reinen Glücks, für die Dreitausender, für das Gipfelkreuz.

Die Zähne hast zu gelernt zusammenzubeißen, in diesem Jahr in Südtirol. Ein Weisheitszahn ist futsch: vielleicht ein Wink des Schicksals.

Noch immer hast du dir keine Ohrringe stechen lassen, wer weiß, in welchem Alter du das tun wirst. Eine lange schwarze Haarsträhne hängt dir quer über die Stirn, einzelne Haare sind schon weiß. Das war mal ein Pony. Das Thema Friseurbesuch hast du erfolgreich vermieden, seit du in Südtirol bist.

Im Nacken, vom Haaransatz bis zum Rand des T-Shirts, sieht man einen Streifen gebräunter Haut, die sich vom hellen Rest abhebt: die klassische Südtiroler Bräune, mit kontrollierter Ursprungsbezeichnung sozusagen, wie der Speck.

Der Blick schweift weiter, die Schultern entlang und Richtung Arme: Auf Bizepshöhe erkennt man zwei Mini-Beulen, die man als Muskeln bezeichnen könnte. Beugst du den Arm, pochen sie Tag und Nacht.

Deine Hände sind trocken, mit kleinen Wunden vom Klettern übersät, die Fingernägel sind immer kurz, die Handinnenflächen von Schwielen geprägt, die deinen Händedruck rau machen wie Schmirgelpapier.

Weiter musterst du dich, den Oberkörper, die unspektakulären Brüste, den überraschend flachen Bauch mit leichten Anflügen eines Sixpacks. An einem Hintern, der noch nie knackiger war, hängen zwei muskelbepackte Beine, sehnig, ohne auch nur den Hauch von Cellulitis. Die Perfektion dieses Anblicks wird lediglich von aufgeschürften Knien getrübt, eigentlich ein Relikt aus deiner Kindheit, das neuerdings jedoch ein Revival feiert: Du bist vom Rad gestürzt, schon wieder, wie damals mit sechs Jahren. Deine Zehen sehen aus, als hätte ein Kaninchen daran genagt. Die Fußnägel? Etwas schmutzig.

Du hast dein Bestes getan, um dich zu integrieren.

Dem Land Tirol die Treue
Die Grubertaler

Bouldon

Du spähst durch die Eingangstür der hell erleuchteten Halle. Die nackten Füße sinken leicht in die Matte ein, die den Boden bedeckt. Du schreitest die Wände ab, die mit Griffen aller Größen, Formen und Farben übersät sind: Die Boulderhalle ähnelt einem Montessori-Kindergarten. Dein Blick kreuzt den eines Unbekannten, du deutest ein grüßendes Kopfnicken an, er grüßt nicht zurück. Nun ja, ihr seid halt einander Unbekannte.

Langsam näherst du dich einer Hallenwand, deponierst Rucksack und Trinkflasche auf einer Ablage und nimmst das Säckchen mit dem Magnesium heraus. Der bloße Gedanke daran, dich an diesen Griffen entlangzuhangeln, lässt deine Hände feucht werden. Wenngleich du erst mit dem Klettern angefangen hast und die Griffe, an die du dich beim Klettern klammerst, noch riesig sind und die Form kleiner Sonnen, Herzen und Schildkröten haben: Um eine Route vom Schwierigkeitsgrad A zu klettern, brauchst du Magnesium wie andere Leute in der Halle vielleicht höchstens für eine E, die schwierigste Route.

Du ziehst dir die *Kletterpatschlan* an. Sie entsprechen deiner tatsächlichen Schuhgröße: 37. „Sie müssen eng anliegen", hat man dir im Laden eingeschärft, und: „Nimm eine 34."

„Nein, danke", war deine Antwort, fest überzeugt, nicht gleich schon zu Beginn mehr leiden zu müssen als notwendig. Du näherst dich einer Wand, dein Blick scannt sie nach dem Buchstaben A ab, der das niedrigste Boulderniveau kennzeichnet. Es gibt nicht viele A-Routen hier beim Bouldern, aber die paar, die es gibt, sind immer frei.

Denn hier wachsen die Leute mit dem Klettern auf. Eine A-Route entlockt den Einheimischen bereits im Mutterleib nur ein müdes Lächeln, so besagt die Legende.

Mit der rechten Hand klammerst du dich an einen Griff, mit der linken an einen anderen – du startest bei den niedrigsten und bewegst dich langsam und gemächlich nach oben, indem du abwechselnd mit Füßen und Händen nach Griffen suchst. Du folgst deiner Farbe, streckst die Arme und bemühst dich, die Hüfte zu drehen, die Bewegungen fließend aneinanderzureihen wie das Mädchen am anderen Ende der Halle: ein blonder Muskelstrang, der sich, in ein Top und ein Kletterhöschen gezwängt, mühelos an mikroskopisch kleinen Griffen festkrallt. Du hingegen hängst da in deinem *Leibchen* vom letzten Speck- und Knödelfest und den Hosen der Volleyballmannschaft aus Oberschulzeiten und erreichst das Ende der A-Route nur mit Mühe und Not. Vielleicht nicht ganz so elegant, aber du schaffst es. Und dann stellst du dir die bange Frage: Und wie komme ich jetzt runter?

Allein der Gedanke daran, dich einfach hinunterzuwerfen auf die Matte, lässt deine Bänder mit einem schnalzenden „Poooooäääääääääng" reißen.

Du siehst dich bereits, wie du auf die Matte geklatscht daliegst, *plattilat* (um eine lokale Lautmalerei zu bemühen), gelähmt vom Kopf bis zu den Zehen, ohne jede Chance, jemanden, den du kennst, um Hilfe zu bitten – kein Wunder, du kennst dort ja auch niemanden. Also sprichst du dir selbst Mut zu und steigst ab, wie du aufgestiegen bist: kletternd. Nur um herauszufinden, dass der Weg hinunter noch anstrengender als der hinauf ist.

Am Ende deiner Kräfte angelangt, ziehst du die Kletterschuhe aus, schaust dich um, kreuzt wieder den Blick von jemandem, den du nicht kennst, hebst den Kopf, um einen Gruß anzudeuten, der wieder nicht erwidert wird, seufzt und startest von Neuem. Nach oben, in Richtung der 3,5 Meter hohen Decke, um eine weitere A-Strecke zu meistern.

Sobald du mit den A-Routen fertig bist, gehst du weiter zu B, und da passiert es: Statt dich nach oben zu begleiten, fällt dein Selbstvertrauen hinter dir zurück. Die B-Routen schaffst du nicht, zumindest nicht im ersten Anlauf. Sie müssen analysiert werden, ausprobiert, Stück für Stück: indem man jemand anderen beobachtet, der sich gerade an ihnen versucht. Auch fühlst du dich sofort ausgepowert. Deine Fingerkuppen brennen und haben Stellen, an denen sich die Haut ablöst, die Sehnen deiner Unterarme sind schon ganz angespannt und etwas geschwollen, wie nach einer CrossFit-Einheit.

Du beschließt, eine Pause zu machen, gehst aufs Klo, schaust dich im Spiegel an, über und über voller Magnesium wie nach einer *Weißel-Session* zu Hause. Du drehst dich etwas seitlich, ziehst den Ärmel deines *Leibchens* bis zur Schulter hoch und machst die Popeye-Pose. Muskeln? Noch nicht in Sicht.

Du vergewisserst dich, dass dich niemand beobachtet, und hebst das *Leibchen* verstohlen bis zum BH hoch. Sixpack? Keine Spur.

Du lässt nicht locker. Nicht jetzt. Du bist taff, du. Du kehrst in die Halle zurück, schlüpfst wieder in die Kletterschühlein, und allen zum Trotz, die dich jetzt noch nicht grüßen, weil sie dich nicht mal sehen, versuchst du eine B+. Du plumpst auf die Matte zurück und dir wird bewusst, dass sie tatsächlich weich ist. Du bist noch ganz.

Nach diesem missglückten Versuch klaubst du deine Siebensachen und die nun endgültig zerfledderten Fingerkuppen zusammen und gehst nach Hause. Dein Körper ist von der Anstrengung erledigt, du bist fix und fertig, ganze 37 Minuten sind vergangen, seit du die Kletterhalle betreten hast. Wie die Zeit verfliegt beim Bouldern!

So fängt deine Boulderkarriere an. Wie im Kindergarten, aber ohne Freunde.

Rauf und runter an immer den gleich eingefärbten Routen, einen Schritt vor, einen zurück. Es gibt Tage, an denen kommst du einfach nicht hinauf, Tage, an denen es überhaupt nicht geht. Tage, an denen die Schwerkraft und das Gewicht deines Hinterns über den guten Willen und die beste Montessori-Didaktik siegen.

Nicht Tage, sondern Monate werden vergehen, bevor du auch nur kleine Fortschritte machst. Monate, bis jemand in der Boulderhalle endlich versteht, dass du keineswegs unter einem Tick leidest, der deinen Kopf in wilde Zuckungen versetzt, sondern dass du einfach nur grüßen möchtest.

Dann, eines Tages, endlich: Jemand, bei dem du das Gefühl hast, ihn schon ewig zu kennen, der selbst aber nicht einmal weiß, wer du bist, antwortet doch tatsächlich auf dein Kopfnicken mit einem kurz hingehauchten „*Hoi*". An dem Tag kletterst du eine B+ zu Ende und hast einen Freund gefunden.

Du wirst nie über dieses *Hoi* aus gebührendem Sicherheitsabstand (4 Meter) hinauskommen, damit das klar ist. Aber es ist schon viel, so viel. Und wenn du nach fünf Monaten Kletterhallen-Abo den Raum betrittst, dich einer Wand näherst, sie mit deinem Blick abscannst, jemandes Blick kreuzt und von einem Chor von „*Hoi's*" gegrüßt wirst, wirst du dich wie zu Hause bei Freunden fühlen. Was für ein wundervoller Ort, diese Boulderhalle.

Eines Tages, nach sechs Monaten einsamen Trainings, betrittst du die Halle und sagst: „*Hoi!*"

Ein Mann nähert sich dir und fragt: „*Noa?*"

Selbstsicher, gut vorbereitet und längst penibel auswendig gelernt, folgt deine Antwort: *„Get schun, dir a?“*

„Woll, woll“, kommt es zurück.

Kurzum, es geht dir gut, und ihm auch. Aber es dauert nun mal sechs Monate, um die paar Silben aneinanderzureihen, sie mit Logik zu füllen, sie auszusprechen, ohne wild gestikulierend auch noch Kopf und Schultern zu bewegen oder dabei wie der Weihnachtsmann zu klingen. Sechs Monate, um sich ein *Hoiii* abzugewöhnen, als würde man vom Berggipfel ins Tal grüßen wollen, oder das *oi*, das klingt, als hättest du dir einen Finger eingeklemmt. Sechs Monate, um dieses trockene *Hoi* herauszubekommen, leicht hingehaucht und knapp am Wortende.

Sechs Monate dauert es, die magischen Worte zu lernen, die es dir erlauben, das Vertrauen eines Menschen zu gewinnen und mit ihm zusammen von der Boulderhalle in die richtige Halle, die Kletterhalle, zu wechseln – wo „richtig“, also mit dem Seil geklettert wird.

Eine weiße Rose
Kastelruther Spatzen

Kletton

Der Übergang von der Boulderhalle zur Lead-Kletterhalle, wo man angeseilt Wände bezwingt, die zwischen 15 und 25 Meter hoch sind, dauert einige Monate. Es sind Hunderte mit Kopfnicken angedeutete Grußgesten nötig, alle A- und B-Routen dieser Welt, Dutzende von *„Hoi's"* und sogar das eine oder andere *„Hoila"*, wenn dich jemand einlädt, mit ihm oder ihr zu klettern. Endlich, eines Tages, begegnest du deinem Ulli. Er wird auf dich zukommen und sagen: *„Hoi, mogsche kletton?"*

Und du wirst antworten: „Ja." Oder besser noch: *„Jooo, gern."*

Dein Ulli wird eine unbestimmbare Anzahl von Jährchen älter sein als du und einen aus Calcium-Magnesium-Carbonat gemeißelten Oberkörper haben: pures Dolomitgestein. Er wird ein Paar Leggings tragen, von denen du bis dahin dachtest, sie würden nur Nurejew stehen, und ein T-Shirt mit großem Öko-Hipster-Logo irgendeiner amerikanischen Marke. Einer Marke, die mehr Umsatz macht, je mehr sie davon abrät, die eigenen Produkte zu kaufen.

Ulli aber hat als informierter Konsument natürlich die Ironie hinter der ganzen „Don't buy this Jacket"-Kampagne, wie sie in Großbuchstaben die Auslagen besagter Marke ziert, verstanden – was der Grund dafür ist, dass er immer und ausschließlich dieses eine T-Shirt trägt. Außerdem hat er ein Paar löchrige *Kletterpatschlan*, die so ausgelatscht sind, dass sie scheinbar zwei Nummern zu groß sind, und mit diesen durchsiebten Flossen bezwingt er eine 7er-Route.

Mit geschlossenen Augen.

Vor dem Frühstück.

Zum Aufwärmen.

Wenn er mit dir klettert, will Ulli dir allerdings ein Gefühl von Sicherheit vermitteln. Deshalb trägt er bei der Gelegenheit weiße Frotteepantoffeln im Adiletten-Style mit dünner Sohle: Hotelpantoffeln, ein Andenken an den letzten Urlaub am Gardasee.

Ullis Geruch wird sich dir sofort einprägen: Achselschweiß. An seiner Seite wird dir die in Südtirol weitverbreitete, atavistische Abneigung gegen die obskure Warengruppe „Deodorants" erst so richtig bewusst. In einem langsamen Anpassungsprozess – einer Art Toleranzschulung – wechselst du von einer Phase des Angewidertseins und Ekels zu einer der schicksalsergebenen Akzeptanz. Deodorants schaffen es ebenso wie das Musikfestival von Sanremo offenbar nicht bis über die Provinzgrenze, je früher du das einsiehst, umso besser. Unter anderem auch deshalb, weil du, sobald du mit Ulli zu klettern beginnst und 5 Meter über dem Boden und 1 Meter oberhalb der letzten Expresse an einem Seil hängst, erkennen wirst, dass dir hier kein Deodorant der Welt helfen kann. Kein *Borotalco*, kein Bimsstein, kein Aloe Vera oder Edelweißextrakt ist imstande, den Geruch der Angst zu übertünchen oder gar zu neutralisieren. Was soll's, dann stinkst halt auch du. Du wirst aus Respekt vor deinen Wurzeln weiterhin Deodorant benutzen, aber du wirst stinken wie Ulli. Du wirst stinken, wenn du dich an die ersten 5b-Routen machst, und es wird tatsächlich der Geruch – ganz sicher nicht die Sprache – sein, der dich mit Ulli und den ganzen anderen Kletterbegeisterten aus der Halle verbindet, oder mit allen anderen Dschungelbewohnern.

Von dem Moment an werdet ihr nicht mehr aufhören, miteinander zu klettern, du und Ulli. Ihr werdet kein festes Liebespaar werden, aber ein festes Kletterpaar. Denn deinen Ulli wirst du nicht mehr loslassen. Und wenn das auch alles einfach und banal klingt: Das ist es keinesfalls.

All das muss sein – die ganzen Boulderrouten, obendrein noch etwa 1.000 Gramm Magnesium, ein erstes Paar durchgewetzter Kletterschuhe und Hornhaut auf den Fingerkuppen –, bevor du bereit bist für das alles verändernde *Hoi*, den Ulli-Gruß. Es wird auch nötig sein, ein Paar Kletterhosen und das T-Shirt einer amerikanischen Fair-Trade-Marke zu kaufen, damit Ulli alle Bedenken über Bord wirft und dich endlich fragt: *Willsche kletton?*

Du wirst dir selbst und den anderen aus der Kletterhalle beweisen müssen, dass dir wirklich etwas daran liegt. Dass es nicht auf Probe ist, dass du nicht nur auf der Durchreise bist, dass du zwei- bis dreimal in der Woche zu festen Uhrzeiten in die Kletterhalle kommst, auch wenn du woanders geboren wurdest. Auch wenn du die einzige Anfängerin bist und nach Abschluss einer 4c aussiehst wie ein staubzuckerbestäubter Krapfen.

Monate später wirst du dank Ullis Unterstützung in die Kletterhalle gehen können und den Boulderbereich links liegenlassen. Du wirst schnurstracks in den Bereich der Sportkletterer marschieren und dort irgendjemanden finden, der mit dir klettert. Es wird Monate harten Trainings mit Ulli erfordern, der dabei großzügig sein Leben aufs Spiel setzen wird, indem er sich von dir die ersten paar Male sichern lässt. Klar, denn um eine Wand an einem Seil hängend hinaufzuklettern, das von einer Zufallsbekanntschaft gehalten wird, die das auch noch zum ersten Mal macht, braucht es Mut, ein großes Herz und noch größeres Glück.

Es gibt Tage – und zu Beginn deiner Kletterkarriere sind es viele –, an denen du nach dem Training in der Halle mit vor Schmerz brennenden Armen nach Hause kommst. Es gibt Nächte, in denen du schweißgebadet aufwachst, weil du Ulli gesehen hast, wie er fällt, während du ihn sicherst und es nicht schaffst, das GriGri zu schließen, das kleine Gerät, durch das das Seil läuft und mit dem du deinen Kletterbuddy sicherst. Es gibt Träume, die abrupt in dem Moment enden, in dem du das Seil gerade in die Expresse einhängen willst.

So werden sie sein, die ersten Monate des Klettertrainings in der Halle: Du wirst erst einmal die Routen mit einem so niedrigen Schwierigkeitsgrad klettern, dass sie immer frei und die Griffe sauber sind, weil natürlich kein anderer, der diese Kletterhalle je betreten hat, einmal Anfänger war. Du hingegen bist eine Anfängerin durch und durch. Null Kraft in den Armen, viel guter Wille, aber wenig Talent.

Du wirst trotzdem versuchen hinaufzuklettern, eben mit einer schier unmenschlichen Anstrengung, und dich an diesen Initiierungsrouten entlanghangeln, während du dich an Griffen festhältst, groß wie Bocciakugeln, und die Füße auf Griffen aufsetzt, die Ziegelsteinen ähneln. Du wirst die Arme einsetzen, um den Rest deines Körpers nach oben zu ziehen, der steif, angestrengt und leicht zeitverzögert früher oder später die von ihm erwartete Bewegung ausführen wird. Das Einhängen des Seils in den Karabiner, das Clippen, mutiert zu einem Akt des Glaubens, das Erreichen des nächsten Hakens ist ein Unterfangen von immenser Schwierigkeit: Um ihn zu erreichen, wirst du ungefähr eine halbe Stunde brauchen, nur um dich dann völlig fertig einfach aus der Wand fallen zu lassen, von oben bis unten voller Magnesium und schweißgebadet. Der Schweiß wird dir sogar aus den Augen treten, du wirst spüren, wie deine Pupillen brennen, und hast du erst wieder festen Boden unter den Füßen, wird es so aussehen, als hättest du geweint. Du wirst auf Ulli treffen, der noch wie gelähmt, mit steifem Hals und starrem Blick nach oben dasteht, vom bloßen Anblick deines Auf- und Abstiegs ebenso schweißgebadet wie du.

So werden sie aussehen, deine ersten paar Monate, deine ersten paar 5b-Routen.

Ulli wird dich nicht das Klettern lehren. Vergiss es. Ulli ist eine jener Personen, die kletternd auf die Welt kommen, sich der eigenen Technik und der Dynamik ihrer Bewegungen nicht im Geringsten bewusst. Und weil es für ihn so natürlich und selbstverständlich ist, ist er nicht imstande, es dir zu erklären. Auch ist Ulli kein freiwilliger Helfer des Empfangskomitees für Berg-Frischlinge: Er wird nicht die geringste Lust haben, dir etwas beizubringen, er wird einfach nur mit dir klettern wollen. Und das ist das Einzige, was zählt in deiner Laufbahn zur Erlangung der Kletter-Basics. Für die richtige Technik gibt es Kurse, Tausende davon, wenn man so will. Doch um zu klettern, zu fallen, unendlich oft dieselbe Route auf verschiedene Arten zu probieren, dieselben Übergänge und Bewegungen, um es zum Schluss endlich zu schaffen: Dafür gibt es Ulli. Einen Ulli, der dich immer, wenn er frei hat, zum Klettern einlädt. Einen Ulli, den du immer, wenn du frei hast, fragen kannst, ob er mit dir klettert. Einen Ulli, der geduldig ein ganzes Erdzeitalter abwartet, das du brauchst, um bis zur nächsten Expresse zu gelangen. Einen Ulli, der deine Nicht-Fortschritte akzeptiert, deine Ängste, das Schlottern, das deinen ganzen Körper erfasst, sobald du die dritte Zwischensicherung über dem Boden hinter dir lässt. Einen Ulli, der nicht kommentiert, kritisiert, diskutiert, belehrt, sondern schweigend und mit starr zurückgebogenem Hals darauf wartet, dass du deine Route endlich abschließt. Und wenn du es an diesem Tag nicht schaffst, ist das Einzige, was zählt, dass Ulli das nicht interessieren wird.

Eines Tages aber wird ein weiß gekleideter Mann in Pluderhosen und Unterhemd auf dich zukommen, barfuß und mit einem Turban auf dem Kopf. Das ist der Meister.

Der Meister kommt erst auf dich zu, wenn du einen Beweis für deinen vollen Einsatz erbracht hast, für deine Hingabe, deinen

Fleiß und deine konstante Disziplin. Er nähert sich dir, um dir eine wertvolle Lektion zu erteilen, unaufgefordert, versteht sich. Er wird jede deiner Bewegungen verfolgen, wie ein Gebilde aus Legosteinen zerpflücken und befehlen: rauf mit den Füßen, runter mit den Händen, streck die Arme, dreh den Brustkorb. Er wird dafür sorgen, dass es bei dir „Klick" macht. Der Meister, er wird deiner Klettertechnik die korrekte Richtung weisen – aber erst, wenn du für das „Klick" auch wirklich bereit bist.

Und so wirst du immer besser werden, mit jedem *„Hoi"* und *„Hoila"*, jedem Auf- und Abstieg, jedem Versuch. Und irgendwann bezwingst du deine erste 6a. Und jeder wird es hören, weil deine Jubelschreie es mit dem Torgeheul eines Champions-League-Spiels aufnehmen können. Und, ganz ehrlich, nur zu gern würdest du dich zur Ehrenrunde um das Fußballfeld aufmachen, auf den Knien zu deinen Mitspielern rutschen, bis diese sich auf dich stürzen und von Freudentränen überströmt unter sich begraben. Tatsächlich wirst du natürlich nichts von alledem tun, weil du an einem Seil in 10 Meter Höhe baumelst und in einem Klettergurt steckst, der dich zu einer Art schwebendem Sitz zwingt. Das Freudengeheul allerdings, das wirst du noch anstimmen, sodass es von den Südtiroler Bergen widerhallt wie selten ein Laut zuvor. Damit auch der letzte Alm-Öhi es hört: Die Italienerin ist gerade eine 6a geklettert. Her mit dem Pokal.

An dem Tag wird es dir so vorkommen, als wäre niemand jemals eine Route auf diese Weise geklettert wie du, wirklich niemand. Doch nicht einmal der stärkste Kletterer in der Halle gibt, selbst wenn er die unmöglichste Route bezwingt, am Ende der Seillänge derartige Jubellaute von sich. Hier wird innerlich gejubelt, im Jannik-Sinner-Style: maximal eine zur Faust geballte Hand und ein wohlverdientes Hefe-Limo, ein Weizenbier mit Limonade.

Auch das gehört zum Klettern-Lernen: kein Meister ohne Ulli, kein Ulli ohne Bouldern. Und kein Bouldern, sofern du dich nicht irgendwann darüber wunderst, dass abends keine Menschenseele mehr unterwegs ist, und überlegst: Irgendwo müssen sie ja sein, die Leute. Und irgendwann findest du sie dann alle in der Boulderhalle. Und nichts von alledem passiert ohne das erste, von dir ausgehende gehauchte „*Hoi!*"

Mit der Zeit, viel Zeit, und unter den geduldigen Augen von Ulli und dem Meister, die dich mit einer Mischung aus Mitleid und freundschaftlicher Zuneigung beobachten, lernst du, dich nicht nach oben zu *ziehen*, sondern dich aus den Beinen nach oben zu *schieben*. Du lernst, erst zu clippen, wenn die Expresse in Augenhöhe auftaucht, anstatt so, dass du dich dazu so weit nach oben streckst, dass deine Zehenspitzen die Griffe schon fast nicht mehr berühren. Mit der Zeit, viel Zeit, lernst du, dass man manchmal mit einer Drehbewegung aus der Hüfte klettert, dass man manche Griffe leichter erreicht, wenn man sich seitlich dreht, das Gewicht auf ein Bein verlagert und mit dem anderen nach oben steigt. Sprünge lässt du noch sein, für die musst du zehn Jahre in Südtirol sein, aber das ist eine andere Geschichte.

Irgendwann hörst du auf, ganze Nächte wachzuliegen, weil deine Arme so sehr schmerzen. Die Blasen an deinen Händen werden zu Hornhaut, und du erreichst immer höher gelegene Expresse, ohne nachts aufzuschrecken, weil du träumst, du würdest ins Leere fallen. Ullis steifem Nacken wird mit einer Sicherungsbrille abgeholfen, und du schwitzt auch nicht mehr aus den Augen. Was bleibt, ist lediglich ab und zu noch ein Zittern nach der dritten Expresse und der unbändige Wunsch, die Bergrettung zu verständigen.

Schließlich, wenn du es am wenigsten erwartest, etwa an einem klimawandelbedingt warmen Novemberwochenende, kommt der große Tag. Es ist nicht mehr Sommer und noch nicht Winter, der Schnee bedeckt zwar schon die Spitzen der Berggipfel, doch die Lärchen färben sich nur widerstrebend gelb. An einem solchen Wochenende, an dem noch nicht genug Schnee zum Skifahren liegt, es zum Klettern in den Dolomiten etwas zu frisch scheint, das Fahrrad sich weigert, die Garage zu verlassen – an einem solchen Wochenende gehst du klettern: im Vorstieg. Ohne noch mal nachzudenken, abzuwägen, ohne Pro- und Contra-Liste, SWOT-Analyse oder Expertengutachten.

Du setzt dir einfach deinen Helm auf (das ist immer das Erste, was du tust), zurrst dir den Klettergurt mit Dutzenden von Expresssets, Friends und Karabinern um die Taille fest, trägst Dutzende von Schlingen quer zwischen Halsseite und Achselhöhle um die Schulter gewickelt und eine Machete zwischen den Zähnen – nein, natürlich nicht, aber es fehlt nicht viel –, und mit einer Geste, die aus „Rambo" stammen könnte, klopfst du deinem Kameraden auf die Schulter, deinem Ulli, der dich sichert, und machst dich auf den Weg nach oben, immer auf der Suche nach dem nächsten Halt, einen Haken nach dem anderen.

Da erst verstehst du, wie schwierig es ist, die richtigen Spits, denen es auf der Route zu folgen gilt, auszumachen, die Expressen im Auge zu behalten, die du brauchst, und den ersten Fixpunkt zu erreichen. Du erkennst, wie schwierig es ist, konzentriert innezuhalten – trotz des panischen Bedürfnisses, dich in Sicherheit zu bringen – und Ulli nachsteigen zu lassen. Und wie unmöglich es sein kann, einen Mastwurf zu knoten. Du verspürst zum ersten Mal die Freude darüber, Ullis Helm hinter dir auftauchen zu sehen. Du verstehst, was für ein Akt der Liebe und der Verrücktheit es ist, dich „als Erste", im Vorstieg, klettern zu lassen. Dich „als Zweite" hinaufzuziehen, ist eine Geste der Freundschaft, der Zuneigung; damit, dich „als Erste" vorsteigen zu lassen, wird dir Vertrauen geschenkt: Das bedeutet, weder du noch derjenige, der es dir schenkt, riskiert sein Leben. Es wäre so viel einfacher und weniger anstrengend, es dir nicht zu schenken, dieses Vertrauen. Wer dich aber liebt, lässt dich fliegen, auch wenn er dich dadurch verliert.

Und so steigst du weiter nach oben, Haken für Haken, Zwischenstopp um Zwischenstopp, ohne an etwas anderes als an das Ziel zu denken. Sobald du zu grübeln anfängst, bist du im Arsch: Du würdest sofort den Hubschrauber verständigen oder so was in der Richtung. Auf jeden Fall wärst du dann nicht hier, um an diesem Sonntag zwischen den Jahreszeiten das Schicksal, dein Glück und deine alpinistischen Fähigkeiten herauszufordern. Du fühlst dich stark und mächtig, pudelwohl in deiner Führungsrolle, während du vor Verantwortungsgefühl strotzend das Seil, und mit ihm Ulli, einholst, ihm zurufend: *„Mogsch lai kemm. Kiiiimmla.* Komm!" Auf dem Gipfel angekommen, schließt du die Augen und streckst dich auf einer Porphyrplatte aus. Den Eintrag ins Gipfelbuch vergisst du in der Aufregung. Du schließt die Augen im Versuch, die Zeit für immer anzuhalten, angesichts des schneebedeckten Latemar, der Sonne, die gerade dabei ist unterzugehen, des herbstlich eingefärbten Etschtals. Du fühlst dich lebendig wie noch nie am Ziel deiner ersten Route im Vorstieg; in der Tasche eine Packung Loacker-Kekse, als wäre das der Sponsor für deinen Debütfilm „Mein erster Vorstieg".

Nach einer so heroischen Leistung betrittst du die Kletterhalle mit gottgleichem Selbstvertrauen. Du spürst, dass du zu Großem bestimmt bist, dass dich niemand mehr aufhalten kann. Du tunkst deine Finger nicht mehr ins Magnesium, das hast du nicht mehr nötig, du hast den großen Sprung gemacht, nun bist du eine von ihnen. Nonchalant spuckst du in deine Handflächen und beginnst, die Aufwärmroute hinaufzuklettern. Du clippst die erste Expresse, dann die zweite, schließlich mit Mühe und Not die dritte. *„Moch zui, moch zuiiiii"*, flehst du Ulli an, der seit dem Moment, in dem du dir in die Hände gespuckt hast, in

Schockstarre verharrt und nur mit Verzögerung reagiert. Du bist schon am Ende deiner Kräfte. Musst Pause machen, rasten. Schließlich streichst du eine ordentliche Portion Magnesium auf deine speicheltriefenden Handflächen und startest von Neuem. Deine Beine zittern.

Eine Expresse, zwei Expressen: *„Moch zuiiiiii.“* Nichts geht mehr. Die Aufwärmroute wird zu deinem Everest. Nach diversen Pausen und Griffen ins Leere erreichst du den Ausstieg nur, weil du dich an sämtlichen Griffen aller gerade verfügbaren Routen festgehalten hast, und lässt dich abseilen, völlig fertig mit der Welt. Es ist egal, welchen Rekord du noch am Sonntag aufgestellt hast, es ist egal, ob du gestern auf dem Gipfel der Welt gestanden hast, ob du mit verbundenen Augen, ohne Hände und Füße eine 8a auf Fels-Eis-Gemisch geklettert bist: Es gibt Tage, an denen einfach gar nichts geht, Tage, an denen du nicht funktionierst. Manchmal ist es der Kopf, der dich im Stich lässt, weil er lieber ins Kino gegangen wäre oder in ein Konzert, eine Vernissage, eine Ausstellung zum „Ich in Bewegung“. Manchmal hat sich der Körper noch nicht genügend erholt. Und manchmal hast du nur die Illusion, einen Gipfel erreicht zu haben. Und Südtirol holt dich da schnell wieder auf den Boden zurück, verweist dich auf deinen Platz, zurück an die Talstation, von wo du hergekommen bist.

Schickeria
Rainhard Fendrich

Is Outfit

Panda oder nicht: Vergewissere dich, dass dein Auto einen großen Kofferraum hat. Sollte es einen solchen nicht haben, machst du ihn groß genug, indem du die Rücksitze nach vorn klappst und mit einer wasserdichten (und waschbaren) Folie abdeckst. Im Kofferraum dürfen Seil, Expressen, Helm und Kletterschuhe nicht fehlen, kurzum: das Nötigste, um jederzeit bereit zu sein, ein paar Seillängen zu klettern. Auch spontan. Dann noch die Yogamatte für seltene Anwandlungen von Ruhebedürfnis, ausziehbare Wanderstöcke, Trinkflasche und Rucksack. Oft auch noch das Fahrrad. Immer: Stirnlampe und Windjacke. Man weiß ja nie.

Was für ein Leben! Ständig auf dem Sprung zu einem sportlichen Abenteuer, als könnte es von einem Moment zum anderen passieren, dass man spontan eine Calcium-Magnesium-Carbonat-Wand erklettern, 1.500 Höhenmeter zu Fuß zurücklegen oder an einem Survival-Bootcamp teilnehmen muss. Modische Umhängetaschen weichen praktischen Rucksäcken, die sind beim Radfahren einfach bequemer. Die ausgetüftelten Kombi-Looks aus Blusen, T-Shirts, Cardigans und seidenen Halstüchern überlassen einer nüchternen, homogenen Mode das Feld: Jeans und kurzärmelige blaue *Leibchen*.

In Südtirol trägt man keinen Zwiebel- sondern einen „Sacherlook“, *isch jo lougisch*. Eine (manchmal gelbe) Daunenjacke wird über einem Hemd oder Baumwoll*leibchen* getragen, was einem erlaubt, ungefähr acht Monate im Jahr, von Oktober bis Mai, es draußen warm und drinnen dann angenehm kühl zu haben.

Der Kälte erhaben und ihr die Stirn bietend, gehen die Südtiroler:innen den Winter mit nichts als dieser leichten Daunenjacke an. Im Sommer leiden sie nicht unter der Hitze, oder besser gesagt, nicht am *Konzept* von Hitze. Ob im Sommer oder Winter: Die Einheimischen tragen in Innenräumen immer kurze Ärmel, weil ihnen die bloße Vorstellung von vier Wänden und einem Dach eine gefühlte Raumtemperatur von 25 Grad vermittelt. Da mögen die Fensterfugen alt und löchrig oder nagelneu sein, die Hausmauern gut gedämmt sein oder auch nicht, die Türen weit aufgerissen oder geschlossen oder die Räume pellet- oder wärmepumpenbeheizt sein. Kurz gesagt: Herr und Frau Südtiroler bleiben indoor im T-Shirt. Für alle Außenbereiche gibt es wie gesagt eine leichte (manchmal gelbe) Daunenjacke.

In Südtirol wirst du die Farbe Gelb mit neuen Augen sehen – und mit ihr all die Leute, die diese Farbe unbekümmert zu allem tragen und kombinieren.

Für neu eingebürgerte Berg-Frischlinge ist die Frage nach der adäquaten Garderobe etwas komplexer. Die Kälte ist zu Beginn einfach unerträglich, und mag die leichte (gelbe) Daunenjacke auch für laue Augustabende in Ordnung sein, schreit die Wintersaison doch nach Kleidungsstücken einer gewissen Beschaffenheit. Das Unter*leibchen* kommt wieder in Mode, natürlich immer unter den Gummibund des Slips gestopft, die Wollstrümpfe behältst du am besten auch gleich die ganze Nacht an, Handschuhe und Mütze sind überlebensnotwendig. Du ziehst dich in Schichten an, unzähligen Schichten: Unterhemd, Shirt, Pullover, verschiedene Jacken übereinander, Weste, Daunenjacke, Softshell- und Windjacke. Dein Kleiderschrank füllt sich mit Jacken und du wirst das Kunststück vollbringen, sie wirklich alle zu tragen. Gleichzeitig. Du erkennst, dass Moonboots nicht mal als Hausschuhe taugen, dass zum Schneeschippen am Morgen hohe Schaftstiefel nötig sind und zur Fortbewegung auf vereisten Straßen manchmal sogar Steigeisen. Deine Garderobe mutiert plötzlich zur reinen Funktionsausstattung: technisch, praktisch und bunt. Es wird der Moment kommen in deinem Südtiroljahr, in dem sich beim Öffnen deines Schranks Entsetzen in dir breitmacht, weil du ein Oberteil fürs schicke Abendessen suchst. Das wird nur ein Mal geschehen, aber furchtbar sein: Beim Durchkämmen des Bodensatzes deines Kleiderschranks wühlst du dich durch Skitourenhosen, Klettershorts und Radmontur, am Hintern gepolstert. Du findest antike Relikte aus deiner Großstadtzeit: Paillettentops und Kunstlederwesten.

Seufzend findest du dich damit ab, dass der Merino-Rolli mit langen Ärmeln und Reißverschluss das Einzige ist, womit du ausgehen kannst, unter anderem auch, weil man ja nie weiß, ob es später noch zum Rodeln, Eislaufen, Eisstockschießen-Contest, einem Hockeymatch oder irgendwas anderem Actionreichen kommt. Was man halt so nach einem Südtiroler Abendessen macht. Eines ist sicher: Du wirst schwitzen.

Denn eine Einladung zum Abendessen in Südtirol beinhaltet selbstverständlich die Anfahrt zum Restaurant per Fahrrad – 500 Höhenmeter auf einer Forststraße. Falls das Essen aber in einer Hütte stattfindet, erreicht man das Ziel mit Tourenskiern an den Füßen. Und ein Abendessen im Haus von Freunden bedeutet, dass man die Schuhe vor der Haustür auszieht und bis spät in die Nacht in Socken und Langarm-Merinoshirt tanzt. Halten wir also fest: Du wirst schwitzen.

Die Zeiten für den großen Auftritt in Paillettentop und Kunstlederweste sind passé. Und wenn du dich endlich dazu durchringst, all die Kleider aus deinem früheren Leben zu entsorgen, wird sie nicht einmal die Altkleidersammlung im Recyclinghof annehmen, nein, der zuständige Mitarbeiter wird sich deiner annehmen und dich wortlos zum Container nebenan schicken: „PET-Kunststoffe und Tetra Pak“.

Außer der Wiederentdeckung der Farbe Gelb hält dein erstes Jahr in Südtirol eine andere, delikatere Frage für dich bereit, eine, über die hier seit der Nachkriegszeit debattiert wird. Es ist ein Thema, das man so lange wie möglich vor sich herzuschieben versucht und dabei seine Hoffnung auf das schnelle Vorüberziehen der Jahreszeiten und der Zeit im Allgemeinen setzt. Doch in Südtirol fliegt die Zeit eben nicht, und im Südtiroler Winter leider schon gar nicht. Die Zeit tuckert mit 30 Stundenkilometern vor sich hin. Wo es keine Bremsschwellen gibt, gibt es heute Radarfallen, und wo beide fehlen, gibt es Kehren in U-Form. Alles geht nur langsam voran, gezwungenermaßen. Irgendwann aber kommt der Moment, in dem du eine heikle Frage beantworten musst: Bist du für oder gegen lange Unterhosen?

Es gibt die, die sie sowieso immer tragen, und die, die sie nie tragen. Manche tragen sie von Zeit zu Zeit. Die Diskussion ist offen. Einige behaupten, sie retten einem den Hintern, andere, man würde darin viel zu sehr schwitzen. Einige meinen, Merinowolle sei natürlich und atmungsaktiv, andere halten sie für eine Erfindung von Schweizer Chemiekonzernen. Es gibt die, die sie anziehen und es bereuen, die, die sie nicht anziehen und es nicht weniger bereuen. Um sich nicht eindeutig auf die eine oder andere Seite schlagen zu müssen, führen manche sie diplomatisch im Rucksack mit sich, wenn sie in die Berge gehen. Dabei ist aber eines gewiss: Lange Unterhosen zieht man an, *bevor* man aufbricht – oder nie mehr.

Wer glaubt, den Gipfel zu erreichen und sich dort umziehen zu können, macht sich etwas vor. Am Gipfel ist das Letzte, worauf du Lust hast, dir das verschwitzte *Leibchen* auszuziehen, geschweige denn den Rest. Es ist undenkbar, dich aus den Bergschuhen zu schälen, die Hosen aufzuknöpfen, dich fluchend daran zu erinnern, dass diese auch noch *Hosenkraxen* haben, dann die Jacke auszuziehen, die Hosen ebenso, und dann gefährlich nackt im Slip auf einem Bein herumzuhüpfen, im Versuch, dir die langen Unterhosen über das andere zu streifen, während ein eisiger Wind die Arschbacken umweht. Ebenso undenkbar ist es, dich im Miniaturklo einer Berghütte mit seinen traditionell *angepieselten* Wänden einzuschließen, um die gleiche Operation dort abzuspulen, bis dir auffällt, dass es keinerlei Kleiderhaken oder Ähnliches gibt und die Kleidungsstücke auf dem pipibedeckten Boden abgelegt werden müssen – bis ein bundesdeutscher Skifahrer die in der Hast unzureichend abgeschlossene Tür öffnet und dich genau in dem Moment zu Boden wirft, in dem du gerade in Flamingostellung versucht hast, dir die lange Unterhose anzuziehen.

Das eben erwähnte Debakel wird dir beim nächsten Mal wieder in den Sinn kommen, wenn du dich ganz draufgängerisch bereits zu Hause in die langen Unterhosen wirfst, um Herz und Nieren warm zu halten auf dem geplanten Ausflug vom Tal aus die 1.000 Höhenmeter hinauf auf den Berg – und der Tag sich dann zu einem der wärmsten in der Geschichtsschreibung entwickelt, inklusive thermischer Inversion. Du schwitzt auch noch das Frühstück aus allen Poren und mehrere Liter Wasser und Mineralsalze tränken deine langen Unterhosen, die du, am Gipfel angekommen (denn dort kommst du an, koste es, was es wolle), nicht einmal auswringen kannst, weil das Ausziehen der langen Unterhosen auf dem Gipfel eine ebenso delikate und komplexe Angelegenheit ist wie das Anziehen. Also behältst du sie einfach an, in der vergeblichen Hoffnung, dass sie schon trocknen wird. Sie hingegen saugt sich an deinem Rücken fest, an der Rückseite deiner Oberschenkel, an deinen Unterbauch, sie klebt an dir wie ein nasser Duschvorhang. Und klamm kühlt sie aus auf deiner Haut, was dir garantiert eine Erkältung oder zumindest Rückenschmerzen bescheren wird.

Kalte Arschbacken hin, verschwitzter Rücken her: Südtirol fordert dich heraus, eine Wahl zu treffen – und wie deine Entscheidung auch ausfallen mag, es wird immer die falsche sein.

Aber bitte mit Sahne
Udo Jürgens

Essn und trinkn

In nur einer Saison verlierst du fünf Kilo. *„Bische fit!"*, werden sie sagen, die Einheimischen. In anderen Gefilden aber wird deine „Fitness" anders interpretiert.

„Oh Gott, so abgemagert siehst du aus … geben sie dir nichts zu essen, da oben im Trentino?" (Ja, für die Flachländer „da unten" sind Südtirol und Trentino ein und dasselbe.)

Innerhalb der Provinzgrenzen ist der Ernährungsplan recht simpel: ein halbes *Speckbrettl*, zwei Knödel mit geschmolzener Butter, ein Stück Strudel (ohne Sahne, geschwindelt wird nicht!), dann 1.500 Höhenmeter im Aufstieg und ein Radler *(groaß, bitte)*. Das Vertilgen einer Essiggurke ist im Extremfall einer hysterischen Hungerattacke erlaubt. Im Zuge einer solchen schreibst du einen wirren Brief an das Oberhaupt der Autonomen Provinz Südtirol, Landeshauptmann Arno Kompatscher:

Sehr geehrter Landeshauptmann,

ich bin eine demütige, aber überzeugte Verfechterin der Südtiroler Lebensqualität, eine *Walsche*, die vom Pustertal adoptiert wurde. Ich absolviere gerade mein erstes Jahr in Südtirol, und trotz einiger Gefühlsschwankungen und gelegentlicher Fluchtimpulse bin ich noch hier, um die Fahne eures Lebensstils und -modells hochzuhalten, mit erhobener Heugabel.

Es lebe das Leben an der frischen Luft! (Trotz des beißenden Geruchs der mit Mist gedüngten Felder.) Es lebe der Sport, der hier in seinen extremen Formen betrieben wird! (Wenngleich auf so hohem Niveau, dass er nicht einmal in den nationalen Rankings auftaucht.)

Es lebe der nichtexistente Verkehr! (Klar, in Bozen existiert er: Schrecklich ist er, der Bozner Verkehr, eine wahre Plage, Herr Landeshauptmann, ich bin mir dessen bewusst.)

Wenngleich mein Magen voller Wertschätzung ist, muss ich Ihnen, Herr Landeshauptmann, sagen: Beim Essen ist noch Luft nach oben. Und wenn wir schon von typischer Landesküche reden, sage ich Ihnen frei heraus, Herr Landeshauptmann: Zum Teufel mit der Identität!

Ich sehe über den Dialekt hinweg, für den ich eigens einen Kurs besuchen musste, ich verzeihe Ihnen das Blechbläserquartett, das mir aus dem lokalen Radiosender oder von jedem zweiten Dorfplatz entgegenschallt, ich habe nichts gegen Dirndl, und auch für Lederhosen bin ich Feuer und Flamme! Ich habe gelernt, meinen Müll getrennt zu entsorgen, trenne also Tuben von Gläsern, Karton von Papier, und bisher habe ich lediglich vier Säcke mit Restmüll gefüllt. Seit einem Jahr bin ich auf Aperol-Spritz-Entzug, ich habe mich verbogen und angepasst, um alle möglichen flüssigen Mischungen zu mir zu nehmen, die lokale Getränkekarten hergeben: Radler, Spezi, Hefe-Limo. Stellen Sie sich vor, im Ernstfall bestelle ich auch einen Diesel (Bier und Coca-Cola), Herr Landeshauptmann, und das, ohne mit der Wimper zu zucken!

Alle sollten Skitouren unternehmen, alle um 18 Uhr zu Abend essen, nein, machen wir 17 Uhr daraus, ich bin dabei! Niemals werde ich die Knödel mit dem Messer teilen, ich werde kein Wort über den übermäßigen Gebrauch von Löffeln beim Spaghetti-Essen verlieren, und sollte jemand mittags einen Cappuccino bestellen, werde ich von jeglicher Unmutsbekundung absehen, aber …

… *bittschian,* Herr Landeshauptmann, ich bitte Sie mit dem Herzen in der Hand, als demütige Bürgerin: Verzichten Sie auf die Autonomie – Entschuldigung: auf die Autarkie – auf der Speisekarte. Erlauben Sie uns *echte* Spaghetti Carbonara mit authentischem *Guanciale.* Ich versichere Ihnen, Herr Landeshauptmann, dass dies der Südtiroler Identität keinen Abbruch tut, es hat nichts mit Unterwürfigkeit gegenüber Italien zu tun, auch bekommt man keine Cellulitis davon. Den Traditionen und Sitten wird kein Härchen gekrümmt. Ich verlange nicht nach Austern und Champagner – seit ich gelernt habe, wie man „Gewürztraminer" ausspricht, möchte ich ja gar nichts anderes mehr trinken –, aber einen Teller Orecchiette, ein paar Tortellini, einen Risotto, das wäre schön. Und sagen Sie mir nicht, dass das hier echte Carbonara ist, Herr Landeshauptmann: Ich liebe euren Speck, aber *Guanciale* ist etwas vollkommen anderes.

In Südtirol lässt es sich gut essen, das bestreite ich nicht. Die Milch kommt von der Kuh, und für das Fleisch gibt es für jeden den Viehzüchter seines Vertrauens. Im April gibt es die volle Dröhnung Spargel, gefolgt von der Erdbeersaison, und schließlich die Heilige Frucht, den Apfel. Wild schmeckt hier noch nach Schießpulver, Pfifferlinge gibt es in ertragreichen Jahren im Überfluss, aber die Menüs, Herr Landeshauptmann, sind eine Beleidigung für jede Fantasie: Sie sind in der Ära Maria Theresias stecken geblieben, sind quasi ein geschlossener Hof. Und bitte kommen Sie mir nicht mit Ihrer Bozner Soße, ich bin nicht bestechlich. Denken Sie nur nicht, ich hätte Lust auf Kebap, Frühlingsrollen, in Schmalz ertränkte *Lobsters* oder *Fish and Chips.* Ich hätte einfach gerne einen *Minestrone*, Herr Landeshauptmann, mit nichts als etwas Knoblauch und Salz, einen Teller *Penne alla Norma*, ein paar *Spaghetti all'amatriciana*, nichts weiter. Wir können sie auch um 18 Uhr essen, die *Amatriciana*, aber um eines bitte ich Sie: Sie möge *al dente* sein.

Mezze maniche mit *Guanciale* und Artischocken, *Tonnarelli* mit Zitronencreme, Zichorie und Stracciatella, *Bottarga* und

Anchovis, *Prosciutto* und Feigen, Bohnen und *Guanciale*, Auberginen und *Ricotta*, *Paccheri* mit toskanischem Kohl, Mandeln und *Bottarga*. Ich will das ja nicht jeden Tag, Herr Landeshauptmann – das überstehen wir körperlich nicht, das ist uns bewusst –, aber an einem Wochentag unserer Wahl, wie der „Cheat Day", der bei manchen Diäten erlaubt wird, vielleicht am Mittwoch? Aber ja doch, ein freier Mittwoch, ein *walscher* Mittwoch!

Ich verspreche Ihnen, niemand wird dadurch seine Männlichkeit verlieren, auch wird uns die Lust am Arbeiten nicht vergehen, wir werden nicht drei Stunden lang bei Tisch kleben bleiben, wir werden auch nicht italienischer, als wir bereits sind, aber gewähren Sie uns wenigstens ein Häppchen Italien, Herr Landeshauptmann. Vielleicht nehmen wir das eine oder andere Gramm zu, aber jedes davon wird ein Gramm pures Glück sein. Und für alle Fälle haben wir *Walschen* ja sowieso immer ein *Maalox* dabei, um den Magen nach der Mahlzeit zu beruhigen.

Mit freundlichen Grüßen,
Die Erika

Doch dein Appell wird im Nichts versanden, dir bleibt nichts anderes übrig, als in eine weitere saure Gurke zu beißen. *Mohlzeit!*

Abnehmen wirst du auch dank des Nichtvorhandenseins des Wortes *Apericena* im Südtiroler Vokabular. Dieses in Italien so beliebte Hybrid aus *Aperitivo* und Abendessen gibt es ja in Südtirol nicht. Auch wird jeder Tropfen geschmolzener Butter garantiert sofort mit Tausenden von Höhenmetern kompensiert, die es zu überwinden gilt. Du wirst enge Freundschaft mit Gerichten schließen, die so exotische Namen wie *Schlutza* (Teigtaschen mit Spinatfüllung und zerlassener Butter) tragen, und du wirst sie auch ohne unterstützendes Schläfchen verdauen.

Deine erste Annäherung an Südtiroler Milchprodukte wird in dir den Verdacht erwecken, eine Laktoseintoleranz entwickelt zu haben. Es liegt nicht einmal an den Großküchenmengen an Butter, die deine Darmflora explodieren lassen, sondern an der Milch, an der Kuhmilch, mit der du deine Trinkflasche direkt am Bauernhof befüllen lassen kannst. Eine Milch, die nicht wirklich entrahmt ist, was zu Geräuschen in deinem Verdauungstrakt führt, die eines Ehrenplatzes in der Musikkapelle würdig wären.

In Südtirol überwindest du aber irgendwann auch die Unverträglichkeit gegenüber frisch gemolkener Milch und entwickelst die Fähigkeit, *Schlutza*, Schnitzel, Gulasch, Spiegeleier und bei Bedarf den gefürchteten *Kaiserschmarrn* zu verdauen. Ein Gericht, das dir fortan keine Angst mehr einjagt, zum einen, weil du gelernt hast, wie man es ausspricht, zum anderen, weil es dir nach einem Aufstieg von 1.200 Höhenmetern und einer Rundwanderung von 13 Kilometern wie das Normalste auf der Welt vorkommt, zwölf mit Milch und Mehl verrührte Eier, in Fett gebacken und mit einem Berg Preiselbeermarmelade serviert, zu vertilgen. Dank deines neuen Lebensstils wirst du in Südtirol nie ein schlechtes Gewissen beim Essen haben. Niemals.

Lediglich die *Pressknödel*, zusammengedrückte und in Butter angebratene Knödel, eine *Puschtra* Spezialität, sind mit deinem Glauben nicht zu vereinbaren. Sie wirst du nie verdauen. Niemals.

Der Einkauf hierzulande wird in Etappen absolviert. Für das Gemüse geht es zum Bauern, wo alles streng biologisch ist. Hier gibt es eine unglaubliche Vielfalt an Gemüsesorten: Wirsing, Kartoffeln, Rote Bete und wieder Wirsing.

Was Joghurt und Milch betrifft, streng biologisch, versteht sich, ist die Abstellkammer eines Bauernhofes immer geöffnet. Man tritt ein, befüllt die von zu Hause mitgebrachte Flasche mit frisch gemolkener Milch, gibt den leeren Joghurtbecher zurück und nimmt einen neuen, frisch gefüllten aus dem Kühlschrank. In einem Heft wird die entnommene Menge notiert, und ein paar Münzen wandern in die bereitgestellte Spardose.

Für die Eier, streng biologisch, versteht sich, hält ein anderer Bauernhof einen Holzverschlag neben dem Hühnerstall geöffnet. Dorthin begibt man sich mit dem eigenen Eierkarton, entnimmt die gewünschte Anzahl an Eiern und entrichtet den entsprechenden Betrag.

Der restliche Einkauf kann in den Dorfläden erledigt werden, die geöffnet sind, wann immer es die verschiedenen Verpflichtungen des Vereinslebens erlauben: von 8 bis 12 Uhr, von 15.30 bis 18 Uhr und, manchmal, am Samstagmorgen. Daher wirst du in den ersten Wochen in Südtirol abends öfter mal ohne Vorräte bleiben. Verzweifelt irrst du auf der Suche nach einer „Späti"-ähnlichen Einrichtung durch die Straßen des Dorfzentrums, um schließlich aufzugeben und deine Ernährung auf Eier und Milch zu reduzieren. Streng biologisch.

Wahnsinn
Wolfgang Petry

Skitourn

Wenn sie dich fragen: „*Konnsche Schi fohrn?*", antwortest du: „*Na, tutmo load.*"

Du sagst Nein. Auch wenn du in der Grundschule einen Skikurs besucht hast, auch wenn du als kleines Mädchen bei Ski-Club-Rennen mitgefahren bist, auch wenn dir die Schuss-Strecke in Cortina keine Angst macht. Du sagst einfach Nein.

Vertrau mir, tu es für dein eigenes Wohl. Sag Nein, um dir einen Skitag in der Hölle zu ersparen, an der Schwelle zwischen Leben und Tod. Sag einfach Nein, und dir bleibt das Gefühl der Erleichterung und Dankbarkeit erspart, wenn du am Ende des Tages ohne Beinbruch nach Hause zurückkehrst, so, wie es deiner Begleitung erspart bleibt, am Fuße eines Berghangs darauf zu warten, dass die Einzelteile deiner Ausrüstung talwärts kullern, gefolgt von den Einzelteilen deiner selbst. Du kannst nicht Ski fahren, das ist eine Tatsache hier in Südtirol, in dieser Welt, in der schon die Kaiserschnitte, mit denen die kleinen Wintersportler zur Welt kommen, eine leichte Slalomform aufweisen. Es ist ein anderer Sport. Ein anderes Leben. Leider schwant mir schon: Du wirst Ja sagen. Ja, du könntest Ski fahren.

Mit dem Wintereinbruch gilt es dann tatsächlich, das Thema „Skibergsteigen" anzugehen, und zwar, indem du es zuallererst nicht mehr so nennst. Das Besteigen von Bergen mit Skiern abseits der Piste heißt in diesen Breiten konsequent „Skitour". So wirst du es auch nennen, wenn du, von Wind und Schnee gepeitscht, die höchsten Dolomitengipfel bezwingst, und zwar in ultraleichten Carbonschuhen zum Spottpreis von 2.800 Euro, inklusive zehn Prozent Skonto, versteht sich: „eine kleine Skitour".

Ist der technische Jargon dieser Disziplin erst einmal bekannt und geklärt, besorgst du dir die passende Ausrüstung. Dabei musst du dich beeilen, denn bis du dich dazu entschlossen hast, ist das gute Zeug schon weg, und dir bleibt die Wahl, einen Kredit aufzunehmen oder auf den Verleih zurückzugreifen und deine Füße in gemütliche, von Legionen Touristen breitgetretene Tourenskischuhe zu stopfen.

In den Rucksack kommen getrocknete *Marillen* (superleichtes Superfood), Blasenpflaster und die dicken Handschuhe für die Abfahrt. In der Tasche hast du ein, zwei Taschentücher, und von einem „Pieps" hast du noch nie etwas gehört. Erst viel später wirst du draufkommen, dass es sich um ein überlebenswichtiges Gerät zur Auffindung von Lawinenverschütteten handelt.

Du wirst die *Hiesigen* bewundern, die Einheimischen: Männer und Frauen im Dauertraining, ob beim Joggen im Morgengrauen, bei 1.200 Höhenmetern Aufstieg noch vor dem Mittagessen oder beim Sonnenuntergangs-Yoga. In der Zeit, die du für das Aufziehen der Felle auf deine Skier benötigst – angeleitet von einem YouTube-Erklärvideo –, sind sie, die Einheimischen, schon auf dem Gipfel angekommen. Man erkennt sie an ihrer Weltsicht. Es ist die eines Marathonläufers und sie spiegelt sich in ihrem Gang und ihrem Outfit wider. Sie schauen sich nicht um, grüßen mit zusammengepressten Lippen, zählen die Sekunden, duellieren sich gegenseitig um Hundertstelsekunden, gönnen sich auf dem Gipfel ein schnelles Selfie, stellen die Skier erst beim Eintreten ins Wohnzimmer weg und streifen die Felle in einer einzigen magischen Bewegung von den Skiern, ohne dafür die Hände zu benutzen. Auf dem Gipfel angekommen, atmen die *Hiesigen* tief ein, ziehen sich die verspiegelte Skibrille über die Augen, befestigen die Bindung und werfen sich den Hang hinunter, nicht ohne ihn dabei mit himmlischen Kurven zu verzieren, in Gedanken bereits zu Hause und beim nächsten Training.

Deine erste Skitour kann gar nicht als solche bezeichnet werden. Diese erste Runde auf Tourenskiern besteht aus dem Aufstieg auf einer gut befestigten Forststraße, während sich dein Gehrhythmus harmonisch in deine Ein- und Ausatemtechnik fügt und während du mit deiner Begleitung über Geopolitik fachsimpelst. Es wird dir wie ein angenehmer Zeitvertreib vorkommen, dieses Skibergsteigen, und vor allem: absolut machbar. Ein zackiger Spaziergang in leicht ansteigendem Gelände und als Belohnung ein Teller Knödel auf der Hütte, gefolgt von Apfelstrudel und *Bombardino*, alles wohlverdient. Die Abfahrt über den Forstweg bereitet dir noch größere Genugtuung: eine Piste. Du bewegst dich geschmeidig in sauberen, technisch einwandfreien Slalomkurven talabwärts, den Bauch voll und im Kopf den Gedanken, dass dieses Skitourengehen wirklich eine tolle Abwechslung zum Pistenskifahren ist. Du sparst das Geld für den Skipass, für dieselbe Summe kannst du dir ein ausgedehntes Mittagessen auf der Hütte leisten, und schließlich geht es – zwar nur ein Mal, aber dafür stilistisch einwandfrei – ins Tal zurück. Herz, was willst du mehr?

Nun, du wirst es schätzen, dieses Skibergsteigen, das du fachmännisch-gönnerhaft zu „Tourengehen“ abkürzen wirst. Eine sympathische Sache, die dich fit hält und die du zu wiederholen gern bereit bist.

Die zweite Skitour hat diese Bezeichnung dann wirklich verdient. Die Person, die dich zu ihr überredet, hat beschlossen, die Latte angesichts deines Enthusiasmus und deiner Nonchalance etwas höher zu legen. 1.000 Höhenmeter, vielleicht auf einem Weg oder zumindest einer gespurten Strecke, als Ziel keine Hütte, sondern ein nettes kleines Gipfelchen.

Diese zweite Skitour wird in dir eine unbändige Lust auf Sessellifte und Bergrettung wecken, deine unumstößlich geglaubte ablehnende Haltung gegenüber dem Bau neuer Liftanlagen wird auf eine harte Probe gestellt, und du wirst zum ersten Mal ernsthaft in Erwägung ziehen, den 112er-Notruf abzusetzen, damit dich der Hubschrauber abholt und ins sichere Tal bringt. Dein konstantes allwöchentliches Training, deine Cardio-Sessions, die Längen im Schwimmbad, die Runden im Park, das alles ist wie weggefegt von einem Aufstieg, der dir keine Pause gönnt, und vom beunruhigenden Gefühl, dass ein Herzinfarkt kurz bevorsteht. Du wirst dich durch diesen unendlichen Aufstieg kämpfen, den Puls auf 180, den Mund weit aufgerissen auf der verzweifelten Suche nach mehr Sauerstoff, Stalaktiten von gefrorenem Rotz zwischen Nase und Lippen, die Augenbrauen von Reif bedeckt. Wie noch nie zuvor in deinem Leben wirst du die Stille zu schätzen wissen. Jede denkbare Konversation mit Ulli, der dich auch auf diesem Abenteuer begleitet, wird auf einen unbestimmten Zeitpunkt vertagt, ein knappes, dünn dahingehauchtes *„Jo“* wird die einzige Silbe sein, die du herausbringst, um ihm ein Lebenszeichen zu geben. Du wirst der göttlichen Vorsehung für das eingesteckte Taschentuch danken, mit dem du dir in jeder Kurve des Aufstiegs, \`tschuldige: in jeder Spitzkehre, die Nase putzt.

Natürlich wird Ulli deinen Zustand völliger Erschöpfung überhaupt nicht bemerken, so sehr ist er mit dem Bewundern der Landschaft und dem Genießen des Aufstiegs beschäftigt, während dir bewusst wird Schimpfwörter zu kennen, die vielfältiger sind, als du es dir je gedacht hättest. Hingebungsvoll fluchend stapfst du weiter hinauf, ohne dich noch weiter zu fragen, ob dieses Leben überhaupt einen Sinn hat, was der nächste Tag bringt oder ob eine bessere Welt möglich ist. Dein „Positive Thinking“ wird von dem Gewicht der Anstrengung erdrückt, dein Gehirn liegt wie im Nebel und deine Willenskraft ist alles, was übrig bleibt. Sie bringt dich hinauf zum „Gipfelchen“, Fell-

Schritt für Fell-Schritt. In tranceartigem Zustand und einem Rhythmus, der von einem Geist bestimmt wird, über den du keine Kontrolle mehr hast, erreichst du ihn schließlich, den Gipfel. Und weil es noch den einen oder die andere Heilige gibt, die du noch nicht bemüht hast, um deinem Ärger Luft zu machen: Heilige Cäcilia, Beschützerin der Musikkapellen, warum zur Hölle hast du nicht dafür gesorgt, dass da eine kleine Hütte auf dem Gipfel errichtet wird? Ein Kiosk, eine Snackbude, eine *Paninoteca*, ein Dönerstand, eine *Rosticceria*, ein All-you-can-eat-Fusion-Restaurant?

Nix, nada, niente. Ein nackter Gipfel. Nicht einmal ein Kreuz.

Ulli hat schon die Felle von den Skiern abgezogen, sein Oberteil gewechselt, eine zweite Jacke angezogen und die Skibrille aufgesetzt und die Trinkflasche wieder im Rucksack verstaut, als er dir die Hälfte seines angebissenen Power-Riegels reicht, während du alle möglichen Gastronomieeinrichtungen vor deinem geistigen Auge Revue passieren lässt, für die du gerade bereit wärst zu bezahlen – bar, ohne Kassazettel. Dein Gedankenstrom wird jedoch brüsk unterbrochen – von der Eiseskälte, die deine Hände in dem Moment zu Eiszapfen gefrieren lässt, in dem du dir naiv die Handschuhe abstreifst, um nach dem halben Riegel zu greifen. Ein eisiger Schmerz, der von den Fingerspitzen ausgeht, wie schneidende Klingen aus Eis und Feuer, der sich bis zum nassgeschwitzten Rücken zieht, eine Kälte, die deine Lippen violett färbt und das Bild einer Strandbar vor deinem geistigen Auge heraufbeschwört. Du ziehst dir alles über, was dein Rucksack hergibt, nimmst die Felle von den Skiern, schließt mit letzter Kraft und einem Schmerzensschrei die Skischuhe und blindlings umherstochernd versuchst du die Schuhspitze in die Bindung zu schieben.

Du wirst hinunterkommen. Auf den Skiern. Du weißt, du kannst es.

Der Hang aber hat weder mit dir noch deinem Kletterhallentraining Mitleid, und in der zweiten Kurve stehen deine Oberschenkelmuskeln schon in Flammen.

Du wirst hinunterkommen. Breitbeinig und im Schneepflug, wo es nur geht, und wo immer es möglich ist, mit zurückhaltenden Schwüngen. Streckenweise rollst du dich den Hang hinunter. Und denkst dir, was für ein Wahnsinn diese Skitouren doch sind, was für ein Wunder die Tatsache, dass du noch am Leben bist, und was für eine Verarsche das Leben im Allgemeinen ist. Wie erschlagen erreichst du das Auto.

Du kehrst nach Hause zurück und begibst dich stöhnend in das kochend heiße Wasser deiner Badewanne, wo du dann ernsthaft in Erwägung ziehst, einen Badeanzug und Espadrilles in einen Rucksack zu werfen, in den ersten *Frecciarossa*-Schnellzug von Bozen nach Sibari zu steigen und dort neu anzufangen.

Leider wird deine Entscheidung so ausfallen: Du versuchst es noch mal. Diesmal legst du dein Schicksal in die Hände eines Bergführers. Einer Person, die dir vom Bart bis zum Skianzug Vertrauen einflößt, weil sie aussieht, als wäre sie einer Mineralwasserwerbung entsprungen. Es wird ein Mann sein, der nur mit Blicken kommuniziert und Distanzen in Höhenmetern misst. Du findest ihn sicher ganz faszinierend, auch mit Raureif auf dem Bart. Er überprüft deine Ausrüstung, bemerkt natürlich das Preisschild, das noch an der frisch erworbenen Bindung baumelt, fädelt dir einen „Pieps“ in die Hosentasche und erinnert dich daran, die Schuhe festzumachen.

Der Bergführer sorgt für herrliches Bergwetter und eine Tour, die die richtige Mischung aus Sonne und Schatten bietet. Er garantiert dir Pipi- und Trinkpausen. Vergiss aber das Taschentuch nicht – so kannst du dir jedes Mal, wenn du nach Atem ringst, die Nase putzen, dabei irgendwas von einem alten Schnupfen brabbelnd.

Mit dem Bergführer lernst du jetzt ganz korrekt die „Spitzkehre“. Was wie ein Schimpfwort klingen mag, ist in Wahrheit eine Art dem Hochgebirge angepasste Tangodrehung: Dank des Standardtanzkurses für Singles, den du nach deiner letzten Liebesenttäuschung absolviert hast, eine deiner leichteren Übungen. Mit dem Bergführer erreichst du den Gipfel, ein paar Fotos und eine Panoramaansicht der umliegenden Berge mit Erklärungen, die Tabacco-Wanderkarte in der Hand, sind inklusive. Er kümmert sich um deine Felle, löst dich von deinen Skiern und das mit wenigen Worten und einer seltenen Eleganz.

So bist du noch vor dem Erfrierungstod bereit für die Abfahrt.

Und während der Abfahrt meldet sich die Realität zurück bei dir, dem Berg-Frischling: Die Wirkung deiner CrossFit-Einheiten via Zoom verpufft und du hoffst, der Schnee sei wenigstens frisch. In diesem Moment regt sich in dir die Erkenntnis, dass nicht jede(r) für den Berg gemacht ist. Trotz der Stunden an der Kletterwand, im Unterholz, auf erklommenen Gipfeln, in Vibram-besohlten Schuhen und mit Dolomitgesteinsstückchen um den Hals bleibt dein Körper der eines Großstadtmenschen und dein Akzent jener einer Flachländerin.

In diesem Moment aber wirst du, der Berg-Frischling, glücklich sein wie der sprichwörtliche Schneekönig.

Du fällst hin, während dein Bergführer weiter unten auf dich wartet, eine Hand auf dem „Pieps“, um dich im Notfall gleich zu finden, die andere auf dem Handy, um den Rettungshubschrauber zu verständigen. Aber das wird nicht nötig sein: Mit etwas Verspätung und als Schneemann verkleidet kommst auch du im Tal an, mit weißen Wimpern und einem gequälten Lächeln auf den Lippen, das bis zum nächsten Tag anhält, wenn du dich mit einer Zerrung im Beinmuskel zum Medizinschränkchen schleppst, um nach einer Salbe zu suchen: irgendwas mit „A“, sicher aber in der Mitte mit einem „i“. *Larnika*?

Und weiter geht's mit dem Training. Du lernst, dass Skitourengehen kein Sport ist, sondern eine Disziplin, und dass es außer körperlicher Anstrengung auch die genaue Kenntnis des eigenen Körpers und der eigenen Ausdauer voraussetzt. Jede Tour, ob banal oder extrem, ist ein kleiner Schritt hin zur Beherrschung dieser Kunst.

Auch die Kunst, dich entsprechend anzuziehen, wirst du lernen, wechseln doch hier die Temperaturen je nach Höhenlage. Du wirst lernen, dass es auf dem Gipfel einfacher ist, zusätzliche Lagen anzuziehen, als die, die du anhast, zu ersetzen. Du wirst lernen, deinen Körper vor, während und nach der Tour auf die richtige Art zu nähren und mit Flüssigkeit zu versorgen. Du wirst spüren, wie deine Muskeln auf die Ernährung, die du ihnen gibst (oder verweigerst), reagieren. Beim Aufstieg bedeutet jede Spitzkehre ein Schimpfwort weniger und einen Punkt auf der Selbstbewusstseinsskala mehr. Bei der Abfahrt gelingen dir vielleicht nur drei bis fünf Schwünge, aber jeder einzelne davon wird deinem Körper in Erinnerung bleiben und er wird die Bewegung bei weiteren Touren abrufen können. Du wirst lernen, deinen Verstand während des Aufstiegs vom Körper zu trennen, und deinen Atem in einer Art Meditation zu einer Symphonie anschwellen zu lassen. Den Gipfel wirst du nicht allzu lange genießen. Dort oben ist es nämlich immer windig und kalt, mit zu wenig Platz, um sich länger aufzuhalten, und zu wenig Zeit, weil du wieder hinabfahren musst. Es nähern sich Wolkenfelder und Alpenvereinsgruppen am Horizont. Millionen von Gründen, um jedes einzelne Mal das Gipfelfoto zu vergessen, dir eine Jacke überzuziehen, ein halbes Brötchen zu essen, während du mit einer Hand schon die Felle abziehst und mit der anderen die Bindungen in den Fahrmodus drehst. Und so bist auch du, vier Minuten, nachdem du den Gipfel erreicht hast, bereit zur Abfahrt.

Forstwege bleiben wegen ihrer entfernten Ähnlichkeit mit Skipisten deine Lieblingsstrecken. Du wirst lernen, die verschiedenen Schneearten zu fürchten: von Verwehungen bis hin zu nicht tragenden Decken, von der schweren bis zur nassen Schneedecke. Die verschiedenen Namen für den Schnee hingegen wirst du nicht lernen, dafür braucht man mindestens zehn Jahre in Südtirol. Nur einen lernst du, so international wie universell, und du wirst ihn lieben lernen mit aller Inbrunst: *Firn.* Auf dieser Art Schnee verspürst du das, was purem Glück am nächsten kommt, ein tief unter die Haut gehendes Gefühl, das dich an den Kindergarten, an Weihnachten als Kind und Spiele auf grünen Wiesen erinnert. Für diese Momente puren Glücks machst du weiter, Schritt für Schritt, immer aufwärts, Fell-Schritt für Fell-Schritt. Und der wahre Luxus wird nicht ein Kiosk auf dem Gipfel sein, sondern der Umstand, es auf Skiern wieder zurück zum Auto zu schaffen.

Es wird Abfahrten geben, die du nur herunterpurzelnd zurücklegst, andere, die mit drei Kurven von unermesslicher Breite zu bewähltigen sind, und wieder andere, bei denen du unerwartet in Schneehaufen landest, aus denen du dich im Rückwärtsgang wieder befreien musst, oder solche, auf denen du zu Tal rutschst und nichts, aber auch gar nichts dagegen tun kannst. Du wirst weiterhin so herunterfahren, wie du es immer getan hast: in Rückenlage, aber mit weniger Drama und zunehmend reifer Ergebenheit.

Du wirst das Skifahren nicht erlernen, nein. Ski fahren lernt man nicht als Erwachsene(r). Aber du hast großes Potenzial zur Verbesserung in Sachen Würde und Vorzeigbarkeit. Du wirst nie schneller fahren als die Einheimischen, nein. Geschweige denn, sie zu überholen. Du überholst sie auf keinen Fall. Jeder Höhenunterschied von 1.000 Metern bringt dich unweigerlich an den Rand eines Herzinfarkts, treibt dich dazu, beinahe Blut zu spucken, aber du erreichst den Gipfel in akzeptablen 1,5 Stunden, was bei Gelegenheit mit einem feinen, hausgemachten Bauerntoast (Speck, Käse und scharfe Salami!) belohnt wird, der mit einem Weizenbier hinuntergespült und mit einem *Schnapsl* verdaut wird, das womöglich auch noch aufs Haus geht.

Am Ende der Wintersaison, bevor du die Skier vielleicht endgültig an den Nagel hängst, kehrst du auf das „Gipfelchen" deiner ersten Tour zurück.

Mit gleichmäßigen Schritten, kontrolliert atmend, die Rotz-Eiszapfen stabil aber würdevoll von der Nase hängend, gehst du bis ganz hinauf, einen halben Riegel und eine Trinkflasche mit Tee im Gepäck. Du bist froh, niemand anderen zu treffen, und darüber, dass am Gipfel keine Spur von Zivilisation zu finden ist. Du bereitest dich auf die Abfahrt vor, bist dir des Schlimmsten bewusst, bereit, im Extremfall auch mehr hinunterzupurzeln als zu fahren, aber: Du bist der festen Überzeugung, es bis ins Tal zu schaffen. Das wird die schönste Abfahrt deines Lebens. Nicht ohne Staunen wird es dir so vorkommen, als hättest du endlich gelernt, Ski zu fahren. Die Skier gewinnen an Geschwindigkeit, und die Kurven machen sich ganz von allein. Du wirst glücklich sein. Nicht glücklich wie damals in Bangkok, nicht glücklich wie dieses eine Mal auf Fuerteventura oder damals in New York. Du wirst so glücklich sein wie nie zuvor in deinem Leben.

Und es ist alles das Verdienst des Frühlingsschnees, des Sulz- oder Firnschnees, des Schnees, der am Gletscher ein Jahr zuvor gefallen ist: Es hat *aufgfirnt*, wie sie in Salerno, *tschuldige:* in Salurn, sagen.

Schifoan
Wolfgang Ambros

Ski fohrn

Und dann, eines Tages, kehrst du auf die Skipiste zurück. Mit einer der wenigen, aber umso wertvolleren Freundinnen, der einzigen, die dich fragen wird, ob du mit ihr Ski fahren gehst. Woraufhin du, mit mittlerweile gestähltem Körper und Atem, fragst: „Okay, *Skitourn*?"

Und sie, diese unfassbar tolle, beste Freundin, wird dir die ebenso unerwartete wie unbezahlbare Antwort geben: „Nein, wir gehen Ski fahren. *Ski fohrn*!"

„Jaaaa. Yeeeeah. Joooo", wirst du vom Balkon schreien. Morgen geht's zum Skifahren, morgen kehrst du auf die Piste zurück. Du steigst in den Lift. Morgen fährst du mit dem Skilift hinauf, so Gott will.

Mit Feuereifer bereitest du dich fröhlich auf einen Tag ohne Wadenkrämpfe und Blasen vor, ohne Erfrierungserscheinungen ersten Grades, Herzinfarktrisiko und Fata Morganas, ohne Risiko, nicht zurückzukehren.

Du ziehst dir die gute alte Strumpfhose an, die du im Obelix-Style bis zu den Achselhöhlen heraufziehst, das Thermo-Unterhemd darunter und den Fleecepulli darüber, die Skihosen mit den *Kraxen*, den fast komplett geschlossenen Helm, die Handschuhe, die jeden Motorradfahrer neidisch machen würden, die Neon-Skibrille. Du steigst in die Skischuhe und der kurze Schmerz, den du verspürst, wenn du den Fuß durch den Schaft schiebst, erscheint dir wie eine angenehme Thai-Massage im Vergleich zur bloßen Vorstellung, jetzt auf einem schattigen

Parkplatz bei 15 Grad unter null die Felle auf die Tourenskier aufzuziehen.

Du wirfst dir die Skier über eine Schulter, und Ton in Ton gekleidet, ausgestopft wie das Michelin-Männchen, stolpernd wie ein Astronaut auf dem Mond, bewegst du dich in Richtung Talstation. Wie schön er doch ist, der Gang der Skifahrer, dieses kamelartige Dahingeschwanke von jemandem, der in Gedanken schon beim ersten *Bombardino* oder Wienerschnitzel mit Pommes zum Mittagessen ist.

Skifahren: Möge Gott diesen Sport segnen. Überhaupt: Skifahren in Südtirol, mit beheizten Sesselliftauflagen aus Kunstleder und Austropop-Dauerbeschallung …

Ah, Skifahren, wie schön! Das geht dir durch den Kopf, sobald du an der Bergstation aus dem Lift steigst. Hier triffst du auf die Skifahrer der ersten Abfahrt des Tages, die alten Skihasen mit ihren verblichenen Skianzügen der italienischen Nationalmannschaft, wie sie sich darauf vorbereiten, die Pisten als Erste zu durchpflügen, indem sie Turnübungen vollführen, die irgendwo zwischen Karate und Standardtanz liegen. Bierernst rotieren sie die Beine auf Kniehöhe in der Luft, ungeachtet der Blicke der Passanten. Ah, Skifahren. Dieser elegante Sport!

So fährst du mit deiner lieben, einzigartigen und unnachahmlichen Freundin die erste Piste hinab, nachdem du den Veteranen den Vortritt gelassen hast. Du rutschst zu Tal und zeichnest dabei Muster in die Piste, von denen der Tiefschnee bei deinen Skitouren nur träumen kann: Hopp! Hopp!

Was für Kurven, was für Linien, was für ein Schnee! Ah, Skifahren!

Nach den ersten fünf Schwüngen schreien deine Oberschenkel vor Schmerzen auf. Du bist dir sicher, nur noch die eine oder andere Abfahrt zum Aufwärmen und Verbessern deiner Performance zu brauchen, kommst behände an der Talstation an, bereit, sofort wieder hinaufzufahren.

Ah, Skifahren!

Personen, Dutzende von Personen, Hunderte von Personen, die vor den Drehkreuzen anstehen, in der Hoffnung, die ersten leeren Kabinen zu entern. Ja, denn die Pärchen, die Kleinfamilien, die Dreiergrüppchen besteigen eine Kabine, das *Goggile*, jedoch nur, wenn diese leer ist. Mit dem Resultat, dass acht Plätze von maximal drei oder vier Individuen besetzt werden. Es wird gedrückt, geschubst und gedrängelt. Endlich kommt man in Kabinennähe – und entscheidet sich, auf die nächste zu warten.

Du beginnst nervös zu werden, zwischen all den silbern glänzenden Skianzügen, einwandfrei gezogenen Augenbrauen, Helmen mit GoPro-Kameras, zwischen Schubsern, schlechtem Atem und fremden Dialekten. Der Bär in dir, der während eines ganzen Jahres in Südtirol zu deinem *Spirit Animal* geworden ist, genährt von langen Spaziergängen allein, Seilschaften zu zweit, unendlichen Weiten und überirdischer Stille, wacht in seiner ganzen Aggressivität auf, hier, während du darauf wartest, in eine Kabine zu steigen, die dich auf den Kronplatz hinaufbringt. „Roaarrrrr!" Ein primitiver Laut, der aus deinen Eingeweiden zu kommen scheint, explodiert wild und gefährlich in der Menschenmenge aus glitzernden Skianzügen und perfekt geformten Augenbrauen. Das Gebrüll des Unwohlseins.

Zusammen mit deiner nichtsahnenden Freundin steigst du in das erste freie *Goggile* ein, denn zum Glück hörst nur du den Ruf der Wildnis. Ihr werdet allein in der Kabine sein, denn die anderen Personengrüppchen werden zusammengepfercht im Tal auf die nächste Kabine warten. Und dort, mit vom Kunstlederbezug des Lifts gewärmten Arschbacken, fällt dein Blick auf die verschneiten Berge am Horizont, während sich unter dir Pisten, Snowparks, fleißig arbeitende Schneekanonen und Horden von

Skifahrern breitmachen, allesamt mit dem Hintern über dem Boden, zusammengepressten Knien und Schultern zum Berg. Dein Blick gehört nur jenen Gipfeln am Horizont, und in deiner Brust wird es eng. Du denkst an die Schönheit eines verschwitzten Aufstiegs, an den kurzen Atem, die eingefrorenen Wangen, die vereisten Wasserfälle, den Schnee auf den Tannen, die unbekannten Spuren im Schnee, an den Tee in deiner Trinkflasche, an die Aussicht vom Gipfel. Du denkst an diese Umarmung nach 1.000 überwundenen Höhenmetern, an den geteilten Riegel, an jene einzigen beiden halbwegs präsentablen Kurven, die du normalerweise schaffst, bevor du stürzt, zu Tal kullerst, gegen einen Baum fährst oder Ähnliches. Du denkst an das Bier – *'tschuldige*: natürlich das *Spezi*, den Cola-Limonade-Mix – danach.

Und so trifft dein Blick durch die verspiegelte Skibrille den deiner Freundin, und während du einen unbestimmten Punkt fixierst, der möglicherweise in ihrer Pupillennähe liegt, sagst du, dass sie eine Skitour mit dir versuchen muss. Wenigstens ein Mal. Du bist dir sicher, es wird ihr gefallen.

Die Freunde

Südtirol ist reich an sozialen Ereignissen, denen man beiwohnen kann.

Die *Kirschta*-(Kirchtags)-Saison dauert den ganzen Sommer lang. Ein Dorffest jagt das nächste, Wochenende um Wochenende, Kirchturm um Kirchturm, ein ganzer Haufen von Musikkapellen, Trachten, Bratwürsten und wahre Ströme von Bier nach sich ziehend.

Der Brauch des *Törggelens* füllt den Herbst mit ewig währenden Mahlzeiten, lange *All-you-can-eat*-Sonntage mit Unmengen neuen Weins und gebratenen Kastanien, nur unterbrochen vom Besuch einer Messe oder eines Großmarktes, wo ebenfalls gegessen und getrunken wird. Wie der Zungenbrecher unter den Märkten, über dessen korrekte Aussprache du in deinem ersten Jahr in Südtirol großzügig hinwegsehen wirst, weil du ihn erstens nicht verstehst und es sich zweitens um einen schlicht unaussprechlichen Konsonantenhaufen handelt: *Stgnmorx*. Über den Stegener Markt in Bruneck sagt man, dass der, der ihn nicht besucht, den Winter nicht übersteht. Spoiler: Man übersteht ihn trotzdem, den Winter.

Die Saison des Après-Ski begleitet von Dezember bis April die tägliche Schließung der Liftanlagen und bietet Gelegenheit, zu trinken und auf den Tischen zu tanzen, sogar mit den Skischuhen an den Füßen, dem Helm in der Hand und, je nach Promillepegel, mit der Skibrille über den Augen.

Die Saison der *Frühschoppen* beginnt eigentlich im Frühling, zieht sich aber mit dem Verschwinden der Übergangszeiten durch den ganzen Jahreskreis. Es ist die rustikale Version eines *Brunchs* auf Weißwurstbasis mit Bier- und Volksmusikbegleitung. Nicht selten übergeben sich ambitionierte Besucher dieser Marathon-Matinees bereits vor dem Mittagessen und müssen sich schon am frühen Nachmittag aufs Ohr legen.

Neben diesen saisonal festgelegten Meilensteinen reihen sich in Südtirol das ganze Jahr Vereinsveranstaltungen nahtlos aneinander: Bergrettungsfest, Feuerwehrfest, Skilehrerparty, Hockeyfete, Hoteleröffnungen, Hotelschließungen und schließlich Wettkämpfe, endlose Wettkämpfe in Extremsportarten, nach deren Ende noch extremer gefeiert wird, wie z. B. das berüchtigte 100-kg-Rennen in Klausberg, bei dem 1.000 Höhenmeter bergauf mit einer Mindestlast von 100 Kilo zurückgelegt werden. Hält man sich an den Kalender und strengt sich etwas an, bei mindestens einem Drittel dieser Events live und aktiv mitzumachen, ist man in Südtirol nie allein.

Während deines ersten Jahres in Südtirol allerdings wirst du noch keine Freunde haben und daher auch nicht auf dem Laufenden sein, was den Großteil der kalendermäßig vorgesehenen Feste betrifft: Deine größte Angst wird sein, allein zu bleiben.

Du wirst lernen, mit dieser Angst fertigzuwerden, indem du Tausende von Höhenmetern im Alleingang bezwingst, lange Spaziergänge unternimmst, ohne wie unter Zwang ein Videotelefonat nach dem anderen zu führen, mit jemandem zu chatten oder zu telefonieren. Mit der Zeit stellt sich ein leichtes Gefühl der Zufriedenheit ein bei dem Gedanken, um 18.30 Uhr zu Abend zu essen und dann früh schlafen zu gehen. Du wirst die momentane Abwesenheit des zwanghaften Drangs spüren, dich mit Freunden, Events, Verpflichtungen zu umgeben. Und du verspürst eine gewisse Genugtuung dabei, ganze Stunden deines Tages nur dir allein zu widmen. Du wirst das Bewusstsein erlangen, keineswegs allein inmitten eines Waldes, auf einem Berggipfel, vor einem verschneiten Hang oder dem imposanten Anblick des Langkofels zu sein. Du wirst aufhören, dieses Gefühl als „Einsamkeit“ zu bezeichnen, und es mit einem guten, wenn auch ungewohnten Kribbeln in der Bauchgegend als „Wohlgefühl“ wahrnehmen.

Es gibt diesen einen Moment, in dem du von den *Kirschta*, den Kirchtagen und ihren Feiern, hören wirst, die aufeinanderfolgen, von Dorf zu Dorf. Zahlreiche riesige Plakate am Straßenrand informieren dich über das Datum dieser Ereignisse. Du wirst nicht daran teilnehmen. Lieber gehst du mit deinen Tourenskiern auf den einen oder andern Gipfel, kletterst ein paar Längen an dieser Wand oder machst eine Rundwanderung in jenem Tal da unten. Von Weitem nimmst du die Klänge der Musikkapelle wahr, während deine Hände sich an den Felsen klammern und deine Nase Richtung Himmel zeigt. Ab und zu sichert dich ein Kumpel, ab und zu steigt einer vor, oft genug bist du allein mit deiner Willensstärke und der Angst, dass auch diese dich noch verlässt.

Sobald sich die ersten Einsiedler-Symptome bemerkbar machen, beeilst du dich, ihnen zuvorzukommen, indem du selbst ein Fest organisierst. Du lädst alle ein, die du kennst – 14 Personen insgesamt –, und die Hälfte gibt dir einen Korb. Du schlägst vor, Weißwürste aufzusetzen, damit sie sich wohlfühlen, sie aber antworten dir, Weißwürste am Abend gingen gar nicht, denn die dürfen das *Zwölferläuten* nicht hören. Somit gehören sie klar zum Frühschoppen. Du schlägst 20 Uhr bei dir vor, sie werden sagen, 18 Uhr wäre besser, sonst wird es zu spät. Es wird ein Fiasko.

Das Eis schmilzt, der Spritz wird warm, besoffene Mücken ertrinken darin, die italienische Playlist regt niemanden zum Tanzen an und der Gesprächsstoff ist spärlich. Im Grunde seid ihr nur zusammen geklettert, Ski gefahren oder gewandert. Es fehlen die Aufhänger für eine Konversation, alle haben unbändige Lust auf ein Bier, während sie das Spritz-Glas voller Mückenkadaver mit den Händen wärmen.

Ein Fiasko, genau. Alle gehen früh nach Hause, im Kühlschrank bleiben genug Flaschen Aperol für zehn Jahre in Südtirol zurück, aber entgegen allen Erwartungen hast du ein weiteres Mosaiksteinchen für die Entstehung einer Freundschaft in Südtirol gelegt. Nun, da alle wissen, dass das Organisieren von Partys nicht so deins ist, werden sie es sein, die dich das nächste Mal einladen, um dir die Grundlagen des Lebens beizubringen. Dresscode: Socken. Menü: Bier (in Strömen).

Nein, *signore e signori*, die Südtiroler Freundschaft basiert nicht auf Gesprächen über Verdauungsprobleme, dauerhafte Epilation, Frauen an der Macht und grandiose Weltanschauungen. Die Südtiroler Freundschaft ist im Prinzip auf Schweigen aufgebaut, dem man oftmals sein Leben anvertraut, auf Gesprächen, die aus kurzen Aufforderungen bestehen: *„Alè, dài, volle Gas, bravo!"*

Oft hat man sich nicht viel zu sagen in einer Südtiroler Freundschaft. Aber man hat immer viel zu tun.

Man schuftet zusammen, schwitzt unglaublich viel, teilt Projekte, Erfolge und Misserfolge miteinander, Krönungen kleiner Träume, schlechte Tage, den Wechsel zwischen Mondphasen und Jahreszeiten. Nur weil die Freundschaften weniger wortreich sind, bedeutet das nicht, dass sie weniger wichtig sind. Und du, du hütest sie, weil du ganze Zeitalter gebraucht hast, um sie aufzubauen und zu festigen. Du hast Schwielen an den Händen von diesen Freundschaften.

Die Freundschaft in den Bergen braucht einige unverzichtbare Zutaten: Hunderte von gemeinsam überwundenen Höhenmetern, viele Meter Seillängen, vollkommenes Vertrauen in den anderen, Gipfel über Gipfel und das eine oder andere Bier am Ende des Tages. Es ist eine Freundschaft, die sich nicht beeilen muss, um zu gedeihen. Sie entsteht in einem Vakuum, das einem aber nicht die Luft zum Atmen nimmt oder den Boden unter den Füßen wegzieht, sie wird nicht von Schmetterlingen im Bauch gestört, von einem Hin und Her, sie ist da, wenn man will und wenn man Zeit hat, und sie dauert so lange, wie man möchte, dass sie dauert. In diesen Breiten schlagen Freundschaften tiefe Wurzeln. Sie bestehen aus gemeinsam überstandenen Gefahren, aus lauter gemeinsam aufgestellten kleinen Rekorden, aus Tagen purer Schönheit, die man gemeinsam verbracht hat. Aus einem kleinen Mineralwasser im Stehen und einer Seillänge, wenn man Zeit dafür hat, aus einem geliehenen Hammer und einem geschenkten Glas Honig. Geht eine Freundschaft nach einem Jahr Südtirol verloren, macht einem das mehr Angst als der Verlust von tausend potenziellen großen Lieben in einem Leben. Und zwar, weil es viel Zeit braucht, um in Südtirol Freundschaften zu schließen – Zeit und Anstrengung. Am Ende deines ersten Jahres wirst du ungefähr zwei Freunde haben.

Mit der Zeit, viel Zeit, beginnt man, die Tiefe der Beziehungen zu den Personen, mit denen man einen Aperitif trinken geht oder die man an einem gewittrigen Abend in einer Felswand sichert, klarer zu definieren. Die Menge des gemeinsam vergossenen Schweißes, die geteilte Angst, die erzielten Erfolge, all das kennzeichnet – durch das gemeinsame Schweigen noch mehr als durch tausend Schwätzchen – die engsten Beziehungen. Daraus folgt, dass sich die Freunde nach einem Jahr Südtirol an einer Hand abzählen lassen und der Gedanke daran, auch nur eine(n) davon zu verlieren, einen Schwindelanfall und ein Gefühl unendlicher Einsamkeit verursacht.

Manchmal wirst du Lust haben, ihnen etwas mehr von dir mitzuteilen, ihnen den Menschen, der du warst oder sein möchtest, näherzubringen, gewisse *Looks* zu kommentieren, die dich stutzig machen, du möchtest fragen, zu welchem Friseur sie gehen. Aber schon bald ist dir klar, dass es Grenzen gibt, die in Südtirol besser nicht überschritten werden. Es zählt nicht, wer du gestern warst oder wohin du gehst. Was zählt, ist, wer du heute bist und ob du morgen wiederkommst, du brauchst auch nicht zu schreiben, du weißt ja, wir werden alle da sein. Manchmal entwischt einem deiner Freunde die persönliche Frage, auf die du am liebsten nie antworten würdest: *„Bleibsche?"*

Bleiben, nun ja. Du würdest ihnen gerne antworten, dass du bleibst, dass sie sich keine Sorgen machen sollen. Aber die Wahrheit ist: Du weißt es nicht. Du weißt nicht, ob dir danach ist, ob es deine Lungen packen, ob du genügend Puste und den geeigneten Körper dafür hast. Das markiert die Grenze dieser Freundschaft zwischen jemandem, der zu Besuch ist, und jemandem, der bleibt. Und dieses Zögern bei deiner Antwort markiert den Punkt, an dem es bei einer Nicht-Freundschaft bleibt. Denn es stimmt ja: Warum sollte man auch nur die Details rund um ein eingewachsenes Härchen mit jemandem teilen, der nur auf der Durchreise ist? Ihre Geheimnisse, Gedanken, ihre Paranoia und ihre Träume, die werden die Südtiroler in zehn, 20, 30 Jahren mit dir teilen – wenn du bleibst. Nicht jetzt. Jetzt ist es noch nicht sicher, dass du bleibst.

99 Luftballons
Nena

Eisstockschiaßn

Es gibt den idealen Sport für alle, die Sport hassen. Perfekt, um jemanden in die eigene Kultur zu integrieren, geeignet für Menschen, die weniger in Form sind als die geradezu abnormal fitten Südtiroler:innen, ja: sogar geeignet für alle, die etwas gegen Sport haben – es finden sich tatsächlich auch in Südtirol rare Exemplare von Couch-Potatoes, eine verschwindend kleine, aber tief verwurzelte Minderheit.

Es gibt einen Sport, der auch im faulsten „Schluffi" einen Funken Interesse weckt. Einen Sport für die wenigen (aber guten) Südtiroler, die für ein gutes Buch gerne auf 1.000 Höhenmeter verzichten und den Samstagvormittag lieber in der Bibliothek verbringen, um Schiller zu lesen. Oder lieber ins Kino oder zum Shoppen gehen. Auch diese extrem seltenen Kreaturen finden Ausgleich und Vergnügen beim *Eisstockschiaßn*.

Das Eisstockschießen könnte sogar die Ausgegrenzten einander näherbringen, die, die aus Versehen in Südtirol gelandet sind: wegen eines schlechten Scherzes des Schicksals, der falschen Partnerwahl, der unglücklichen Punktezahl in einer Rangliste für öffentlich Bedienstete, einer langen *Supplenz*stelle, eines Saisonsjobs, einer Arbeit am Bau des längsten Tunnels der Welt. All diese Menschen können sich auf der Eisbahn beim Stockschießen treffen. Dort fordern sie sich heraus, scherzen miteinander, lernen sich kennen und lieben.

Es handelt sich um eine Mischung aus Bowling und Boccia, wofür man keinen Abschluss als Olympionike braucht, aber ein

Mindestmaß an Muckis in den Oberarmen – okay, zumindest in einem Oberarm – und etwas Zielsicherheit. Es gibt keinen Ball, keine Schnur, keinen Startschuss, keinen Anlauf. Garantiert schwindelfrei, das Ganze.

Der Eisstock – eine gut tellergroße dicke Holzscheibe mit Beschichtung unten und Griff oben – wird mit Schwung auf die Eisbahn gesetzt, fast geworfen, und man versucht, ihn so nahe wie möglich an der Daube zu positionieren, einer kleinen schwarzen Scheibe in einer gewissen Entfernung. Eine Art Curling ohne Besen, *signore e signori*: Nötig sind nur etwas Präzision und etwas Glück, an beidem kann man mit etwas Zeit arbeiten – in Trainingseinheiten, die keinerlei Regelmäßigkeit erfordern.

Daher ist das Eisstockschießen eine recht leicht zugängliche Sportart und geeignet für alle, die zwar Gitarre spielen, aber nicht in die Musikkapelle aufgenommen werden, für alle Fans von Snooker, Darts, Rollenspielen und Karaoke. Ein Sport, der jedem und jeder eine Chance gibt. Das Ziel ist kein Gipfel, kein Aufstieg, keine Abfahrt, und man kann ihn sogar mit vollem Magen, mitten in der Verdauungsphase ausüben.

Das Eisstockschießen wäre eigentlich das ideale Gegenmittel für alle Fälle von Ausgrenzung und ernsthaft angeschlagenem Selbstwertgefühl durch die Radikalisierung des Sportkonzeptes in Südtirol. Eine Aktivität, die allen eine Chance gibt: Spaß zu haben, sich zu verbessern, im Team zu spielen, manchmal sogar zu gewinnen. Und das, ohne jemals von klein auf Teil eines Teams aus Profisportlern gewesen zu sein, ohne Gewissensbisse zu haben, weil das Sixpack eher Ähnlichkeit mit einem Fass Bier hat. Eisstockschießen wäre die perfekte Lösung.

Schade nur, dass es für den Durchschnittsitaliener ungefähr ein halbes Jahr dauert, um den Begriff endlich korrekt auszusprechen. Schade auch, dass auf einer Eisbahn gespielt wird und die Standard-Trainings abends bei 15 Grad unter null und im Freien stattfinden.

Dies ist der Grund, warum das Eisstockschießen von etwa einem Dutzend gestählter Männer praktiziert wird, die am Abend die Jacke gegen eine leichte Weste eintauschen und deren Hände noch nie mit einem Paar Handschuhe in Kontakt gekommen sind, nicht einmal für ein Foto. Männer, die sich die Ärmel ihres Holzfällerhemdes erst dann bis zu den Handgelenken herunterrollen, wenn die Temperatur unter null fällt. Dieser endemische Typ Mensch übt einen endemischen Typ Sport aus, der aus einleuchtenden Gründen in tiefer gelegenen Breiten nicht praktikabel ist, und nimmt an transalpinen, europäischen und sogar Weltmeisterschaften teil, mit dem Ziel: Olympia. Während alle anderen aus den genannten einleuchtenden Gründen zu Hause bleiben, eingemummelt in ihre Decken, die Arschbacken tief in den heimischen Diwan vergraben, mit ihrem Schiller, ihrem Solitär, ihren koreanischen TV-Serien, und dabei ihre(n) falsche(n) Partner(in) verfluchen, die doofe Rangliste, den längsten Tunnel der Welt, dabei die Gitarre in der Hand – trautes Heim, Unglück allein.

Ham kummst
Seiler und Speer

Longlafn

Der Langlauf scheint auf den ersten Blick eine gute Alternative zum Eisstockschießen zu sein.

Das Langlaufen bleibt eine der unattraktivsten Sportarten der Geschichte, auch in den Augen unsportlicherer Zeitgenossen, auch auf den ersten unerfahrenen Blick. „Langlaufen": Schon der Begriff vermittelt diese Ahnung von Anstrengung, verbunden mit Schweiß, die auch den motiviertesten Anfänger auf der Couch kleben bleiben lässt.

Es gibt aber einen Moment, einen einzigen Moment im Leben, und dieser Moment fällt genau in die Mitte des Winters deines ersten Jahres in Südtirol, und in dem scheint dir Langlaufen plötzlich keine so schlechte Idee mehr zu sein. Es ist derselbe Moment, in dem du, von der sozialen Isolation überwältigt, in Erwägung ziehst, zum Gottesdienst zu gehen oder dir ein Tinderprofil zuzulegen.

Das Tinderprofil erweist sich als Reinfall, der erste interessierte Kontakt im Umkreis von 50 Kilometern entpuppt sich als indischer Ingenieur, der pandemiebedingt in Innsbruck festsitzt. Eine Dating-App, die Entfernungen via Luftlinie misst, ist im alpinen Kontext dieser Dolomitenregion nicht sehr brauchbar.

Die Kirche überrascht als Ort mit guter Musik – keine improvisierten Chöre, keine knapp verfehlten Sopranarien auf der Suche nach ihren 15 Sekunden Ruhm, kein „Test, Test, eins, zwei, eins zwei", dafür Orgelspiel, Harfen, die unverzichtbaren Blechbläser, leidenschaftliche Musikkapellen. Allerdings wird der Gottesdienst allzu oft nur in deutscher Sprache abgehalten, außer man sucht im Pfarrblatt gezielt nach dem Tag ungeraden Datums vor einer Vollmondnacht, an dem die Messe auf Italienisch gefeiert wird. Natürlich zu einer bequemen, jobfreundlichen Uhrzeit, etwa 16.20 Uhr am Nachmittag.

Du nimmst sie persönlich, diese linguistische Frage des Gottesdienstes, es ist dies einer der wenigen Momente deiner Südtirol-Erfahrung, in denen du spürst, einer kulturellen Minderheit anzugehören, und in dem sich der unbezähmbare Wunsch in dir regt, vom heiligen Recht, in deiner Muttersprache zu beten, Gebrauch zu machen – begleitet vom flammenden Zorn darüber, dass dir verboten wird, dies zu einer, nun ja, christlichen Zeit zu tun. Mit demselben Eifer, mit dem du dich hineingestürzt hast, meldest du dich also bei Tinder und bei der Kirche wieder ab, von den gut gesungenen Messen und den kurzen, knappen Predigten voll pragmatischer Parabeln, die du eh nicht imstande wärst zu verstehen.

Vielleicht nicht zuletzt wegen der italienischen Übersetzung des Wortes ziehst du das Langlaufen, den *„Sci di fondo"*, in Erwägung. Der *Fondo*, das ist der Grund aller Dinge, die Basis. Und nach der Aussicht auf ein Date mit einem indischen Ingenieur in Innsbruck und zwanzig Ave Marias im Playback kommt dir diese Entscheidung gar nicht mal so schlecht vor.

Erfolgt der erste Versuch in der klassischen Langlauftechnik – du willst ja nicht gleich übertreiben –, so kommt dir der Sport als relativ einfach zu bewältigen vor. Man könnte ihn durchaus auch mit einer Ski-Latzhose und einem Rucksack mit Plüschohren meistern. Ganze Scharen ziehen vorbei auf den gespurten Loipen, „Hoooopp, hoooooopp!" Atheisten und chronische Singles, jeder in seinem Rhythmus und mit seinem eigenen Rucksäckchen, jeder der festen Überzeugung, einen richtigen Sport auszuüben mit dem Bonus, sich dabei nicht einmal anstrengen zu müssen.

Ganz generell ist die Entscheidung, mit dem klassischen Stil anzufangen, der beste Kompromiss, den man mit dem Leben und Südtirol eingehen kann. Der Fehler liegt im nächsten Schritt. Der Fehler ist, dass du dich – nun, da du selbst erfolgreich die klassische Methode probierst, sie mit einem guten Glas Wein kombinierst und dabei die Muskeln nicht überstrapaziert hast – bereit fühlst für den nächsten Schritt: das Skating. Besser gesagt, für das Begreifen des ganzen Konzeptes, welches das Langlaufen überhaupt ausmacht.

Das Skating ist der endgültige Showdown im Kampf gegen die eigene Unzulänglichkeit, was das Leben in den Bergen betrifft. Es hält dir schonungslos alles vor Augen: den nicht vorhandenen Gleichgewichtssinn, die mangelnde Koordination, den kurzen Atem und die labbrigen Oberarme. Das Skating beinhaltet die unheimliche (und wohl unangenehmste) Begegnung von Steißbein und Boden. Eine Stunde Skating verbrennt die Kalorien, die in vier Generationen angehäuft wurden, von Menschen, die sich förmlich von Palmöl-Snacks ernährt haben. Es scheidet sämtliche Giftstoffe aller vergangenen (und zukünftigen) *Aperitivo*-Abende aus, und das ist gut so. Denn nach einer Stunde Skating ist dir eine Sache klar: Du wirst wieder zurückkehren zur weniger anstrengenden Aktivität des „Aperitivierens".

Schluss mit den lippensynchronisierten Messgesängen, mit der Illusion virtueller transalpiner Verabredungen, Schluss mit den Sportarten, die einen Blut spucken lassen. Gebt mir Gin, eine Gurke, (wenig) Tonicwasser – und Erdnüsse, *bittschian*, tonnenweise Erdnüsse.

Der Fehler der lebensmüden Entscheidung, die Skatingtechnik auszuprobieren, wird vom nicht minder fatalen Entschluss, es in deiner Skihose zu tun, noch akzentuiert. Im Grunde ist es ja immer Skifahren, nicht? Falsch, ganz falsch. In ebendieser *Tuta*, diesem Skianzug, würde man im August am Strand in Jesolo weniger leiden. Schaust du dich um, bemerkst du auch ziemlich schnell, dass auf den Loipen in Gebieten, wo die Menschen sozusagen mit Muttermilch und Langlauf großgezogen wurden, ein eigener *Dresscode* herrscht: hauteng anliegende Anzüge aus dünnem Stoff, der diese ganzen Nicht-Körper, die nur aus Nerven, Knochen, Bändern und mikroskopisch kleinen Hinterteilen zu bestehen scheinen, betont. Im Langlauf in Südtirol ist kein Platz für Adipositas, Wohlstandsbäuchlein oder voluminöse Hinterteile. Das größte Körperteil des Langläufer-Bodys ist die Lunge. Alles andere ist funktionelle Muskelstruktur – mager, sehnig, hyperaktiv. Und sie fliegen, die Langläufer, sie segeln wortwörtlich über die Loipen, mit langen Gleit- und alternierenden Armbewegungen, die sie direkt bis zum Mond zu tragen scheinen, während du in deiner isolierenden Polsterung mit Sauna-Effekt schwitzt, schimpfst, Blut spuckst, den Tag und die Nacht gleich mit verfluchst, die Skier ausziehst und den Aufstieg zu Fuß zurücklegst, die Skier wieder anziehst und versuchst, Schwung aufzunehmen, dabei fluchend ausrutschst und zu guter Letzt auf dem Bauch landest, mit zusammengefalteten Beinen, überkreuzten Skiern, die Stöcke 50 Meter hinter dir. Und während du den Wolken zusiehst, wie sie am Himmel vorbeiziehen, scheint es dir, als würdest du ganz klar eine Palme dort am Horizont sehen, einen Liegestuhl, einen Strohhalm, der aus einem fruchtigen Cocktail ragt und eine unendlich weite Wasseroberfläche. Du träumst von Meran und seiner Therme, denn zu diesem Zeitpunkt ist nicht einmal mehr deine Fantasie imstande, die Provinzgrenzen zu überschreiten. Und während eine Träne über dein Gesicht kullert, stehst du mühsam wieder auf, dankbar, nicht allzu große Schmerzen zu verspüren, und fest entschlossen, den Rundparcours zu Ende zu bringen, denn „im Grunde“, *„in fondo“*, haha, hast du dir ja nicht wehgetan.

Im Grunde. Denn beim Langlauf entdeckt man die blauen Flecken nicht gleich am Abend, sondern am Morgen danach. Den violetten Fleck oberhalb deiner Kehrseite – wie kann das sein? – nimmst du erst in dem schmerzerfüllten Moment wahr, in dem du dich auf das Bett setzt. Um wieder aufzustehen, so wird dir bewusst, musst du dich mit einer Hand auf dem Nachtkästchen und mit der anderen auf der Matratze abstützen und dich mit Druck hochhieven. Und bist du erst einmal auf den Beinen und machst dich auf den Weg ins Badezimmer, wirst du dich unglaublich steif fühlen. Erst vor dem Spiegel, wenn du den Slip etwas nach unten und das Unter*leibchen* nach oben ziehst, erspähst du den bläulichen Hautflecken, der dich noch einige Wochen begleiten wird – als kleine Erinnerung daran, was Langlaufen im Grunde – *„in fondo"* – bedeutet.

Die Sproche

Aus einem streng linguistischen Blickwinkel könnte Südtirol ein Ort sein, der dem Paradies sehr nahekommt.

Tatsächlich kann man in Südtirol ins Theater oder ins Kino gehen und ein und derselben Vorstellung beiwohnen, in der ein Schauspieler im Dialekt plaudert, immer einen blauen Schurz umgebunden hat und einen Filzhut auf dem Kopf trägt, ein weiterer Standarddeutsch redet und als Pfadfinder verkleidet ist, und dann kommen noch die Carabinieri dazu und sprechen Italienisch. Ohne Untertitel, aber für alle verständlich und unterhaltsam.

Es ist ein Land, wo Whatsapp-Nachrichten in einer Sprache geschrieben werden, die „Dialekt" genannt wird, aber sehr viel Raum für Interpretation und Fantasie lässt: Jede(r) schreibt ein bisschen, wie er oder sie will. Der Dialekt besteht aus außergewöhnlichen Wörtern, die vereinzelt zwar wie Italienisch klingen, im Italienischen aber einfach keinen Sinn ergeben, wie zum Beispiel das auch in Deutschland bekannte *picobello*. Mit diesem Ausdruck klarer italienischer, nein, sogar lateinischer Herkunft – tatsächlich klingt er toll, schade, dass er unterhalb von Salurn nicht gebräuchlich ist – wird etwas Blitzsauberes, Geordnetes bezeichnet.

Südtirol ist das Land, wo die dritte Amtssprache, das Ladinische, nur von wenigen gesprochen und von noch weniger Menschen verstanden wird. Die Ladiner aber lassen das niemanden spüren und drücken sich eloquent in allen anderen Sprachen, die in Südtirol gesprochen werden, aus, und das sind in Wahrheit nicht zwei, sondern drei: Dialekt, Deutsch, Italienisch.

Südtirol ist ein Land, in dem man also in die Apotheke, Bank oder Post gehen und in schönstem Dialekt grüßen, auf Italienisch nach einer Information fragen, die Antwort auf Deutsch erhalten, sich verstehen und in irgendeiner Sprache nach dem Zufallsprinzip verabschieden könnte. Südtirol könnte ein unglaubliches Sprachlabor sein, wo im Walzerrhythmus von einer zur anderen Sprache *geswitcht* wird.

In Wirklichkeit ist es aber so, dass Herr und Frau Südtiroler dazu neigen, sich hinter ihrer Muttersprache zu verschanzen, sich in Konversationen mit dem ihnen eigenen Vokabular einzubringen, ohne jegliche Öffnung nach außen. Und während die Ladiner munter von einer Sprache zur anderen, von einem Tal zum anderen und von einem Amt zum nächsten hüpfen und jede Sprache sprechen, die ihnen gerade unterkommt, ziehen es andere vor, Gespräche mit einem definitiven und eisigen *„Buongiorrrrno“* oder einem strengen, korrekten „Grüß Gott“ zu beginnen. Die Kompromissbereiteren fragen höflich: *„Vuole pavlare in itagliano?*, möchten Sie Italienisch sprechen?“, nur um zur Antwort zu bekommen: *„Nain! Ik sprèke doitch, eh.“*

An diesem Punkt ist die Linie bereits gezogen, es wird keine Freundschaft entstehen, weder auf den ersten noch auf den zweiten Blick.

Schade, denn wenn jede(r) Südtiroler(in) die eigene Sprache sprechen und mit Wörtern der Sprache versehen würde, die ihm oder ihr gerade passend erscheinen, wäre es hier fantastisch, es wäre ein Hafen für alle möglichen Sprachzuflüsse, besser als Französisch-Polynesien. Die Menschen italienischer Muttersprache bräuchten lediglich etwas Mut und eine nasalere Stimme, um Ausdrücke zu benutzen, die zwar italienisch zu sein scheinen, aber doch stolz zum Südtiroler Dialektwortschatz gezählt werden und die ein Deutscher nie verstehen würde. Im Dialekt ist das Krankenhaus tatsächlich das *Spitol* (ospedale), der Klempner ist der *Hydrauliker* (idraulico), betrügen heißt *fregieren* (fregare). Der provisorische Führerschein ist die *Foglia rosa*, *magari* ist *magari* und das typisch italienische *ma dài* wird zu einem langgezogenen *madaiiii* mit unzähligen finalen Vokalen.

Wenn alle Südtiroler:innen, wirklich alle, mit ein bisschen mehr Überzeugung die jeweils andere Sprache lernen und sich dann auf eine gesunde Mischung einigen würden, wäre das Zusammenleben leichter, heiterer, und vielleicht würde man sich auch besser ausdrücken (Dialekt: *audaitschn*): Es passiert hier nämlich manchmal, dass man die Dinge, die einen beschäftigen, nicht ausspricht, weil man nicht weiß, wie. Da schweigt man lieber.

Das heißt, *wenn i dir zum Beispiel sog: Ti voglio bene, konnsch du oanfoch sogn: I a.* Und ich würde verstehen, *i wurat verstiahn.*

Wenn *du hingegn et sicho bisch, konnsche eppas ondas sogn: Madaiiii! Odo berig! Sell gang a und i verstand, dass du et so interessiert bisch und noa geah i weito. Ka Problem: Amici wie davor, woasch?* Die Welt ist schön, weil sie bunt ist, und *tschüß, bin i weck. Camerieraaa, de Runde do zohl i. Naa missasch et zohln, sogsche. Woll woll, se tui i, s' negste Mol zohlsch du, obo trinkmo Prosecco, gell, et Spezi.*

Es muss gesagt werden, dass man in Südtirol im Moment auch dann ein schönes Leben hat, wenn sich jede(r) hinter der eigenen Sprache verbarrikadiert. Man arrangiert sich, wie man eben kann, trifft die Leute, die man kennt, wählt die Freunde nach ihrer Sprachgruppe aus, bleibt hie und da allein, unterstützt von einem Netzwerk geduldiger und toleranter Menschen, die sich dafür einsetzen, ein Minimum an Informationen in der verlangten Sprache bereitzustellen: im Supermarkt, in den Geschäften, in der Post, im Krankenhaus und in der Bank.

Manchmal bemühen sie sich, die Südtiroler:innen, muss man festhalten. Manchmal zeigen sie sich von ihrer besten Seite, kramen ihre Grundschulkenntnisse heraus und strengen sich an, Italienisch zu sprechen.

Es geschieht in der Bar oder im Restaurant. Versehentlich passiert es, dass eine Person italienischer Muttersprache, also eine Person, die kein Wort in irgendeiner anderen Sprache der Welt versteht, sich aus Arbeitsgründen oder irgendeinem Schicksalsstreich mit deutschsprachigen Südtirolern an einem Tisch wiederfindet. Und da geschieht es, im Allgemeinen zwischen *Antipasto* und erstem Gang, oder zwischen der ersten und der zweiten Runde Bier, dass ein Südtiroler eine dichte, dialektale Konversation unter Kollegen unterbricht, um der ausgeschlossenen italienischsprachigen Person das Ganze *auzudaitschn*. In diesem Moment kommt es zu einer Minute intensiver Dolmetsch-Tätigkeit mit Händen und Füßen, einer Minute, in der die Südtiroler:innen eine Gestik an den Tag legen können, von der sie nie gedacht hätten, dass sie dazu fähig wären. Oft überträgt sich diese vom Rudelchef angezettelte linguistische Großzügigkeit schnell auf den Rest der Gruppe, der sich plötzlich dazu berufen fühlt, dem Anführer zu Hilfe zu eilen – mit Gesten, Worten, Gelächter. Sie gestikulieren, heben die Arme, beziehen das italienische Exemplar mit ein, das auf seinem Stuhl immer kleiner wird, fragen es aus, um sicherzugehen, dass ja alles verstanden wurde, bis dieses mit einem schwachen „Genau" Zustimmung signalisiert und die Horde endlich von ihm ablässt, sich wieder hinsetzt, die Krüge hebt, ein Prosit ausspricht, sich gegenseitig Komplimente für die unerwarteten Sprachkenntnisse macht und sogleich wieder in den Dialekt verfällt.

So ist es eben mit den Freundschaften im ersten Jahr in Südtirol. Sie bedeuten manchmal, dass eine Minute Konversation auf Italienisch, die zu schätzen man zu unvorbereitet und überrascht ist, abgelöst wird von mit lupenreinem Dialekt vollgestopften Viertelstunden, in denen man nichts versteht, aber doch die Gesellschaft genießt, nickt, lächelt, lacht. Man versteht nichts, aber man wartet auf diese Minute *Showtime* auf Italienisch, in der Hoffnung, diesmal etwas vorbereiteter zu sein – und imstande, etwas zu erwidern, was über das banale „Genau" hinausgeht.

Gelingt es einem, nicht lockerzulassen und besagten Gesprächen in der Bar mit einer gewissen Regelmäßigkeit beizuwohnen, beginnt man durch das ständige Nicken für das Wohl der Gemeinschaft nach Monaten der linguistischen Isolation in Südtirol tatsächlich etwas zu verstehen – nicht alles, nicht viel, aber etwas. Man beginnt, dem Gesprächsfaden vage zu folgen, den groben Sinn dahinter zu erahnen, sich mit der einen oder anderen Meinung zu beteiligen wie: *Na wirklich?* (echt jetzt?), *na bitte!* (ist nicht wahr!), *jo eben!* (genau!), *obo schian!* (nein, wie schön!), *na gewaltig!* (verrückt!), *se glab i et!* (das glaube ich nicht!). Beherrschst du erst einmal diese paar Ausdrücke für starke Meinungen, beginnen die Südtiroler:innen damit, sich dir im Dialekt zuzuwenden und dich in ihre Sprachgruppe einzugliedern. Und du wirst glauben, endlich Teil ihrer Gemeinschaft geworden zu sein: Es war zwar hart und mühsam, du hast zahlreiche unangenehme Momente und den immer wieder auftauchenden Wunsch überwunden, aufzugeben, aber du fühlst, das war es wert. Hurra! Du stößt an. *„Zum Wohl!"*

Just in dem Moment, in dem das Rudel dich endlich als eine der ihren annimmt und deinen Stallgeruch akzeptiert, in dem Augenblick, in dem sich der Rudelführer angetan zeigt von der Tatsache, dass du mehr als drei Worte Dialekt sprichst, kommt es jedoch zu einem seltsamen Phänomen. Es geschieht Folgendes: Das Rudel trifft in deiner Anwesenheit auf ein Exemplar eines anderen Rudels. Leider ist das Erste, das sie in dessen

Gegenwart betonen, wenn sie dich vorstellen: „Sie ist Italienerin.“ Und sie werden es auf Italienisch sagen: *„Lei è italiana.“* Und immer noch auf Italienisch werden sie dir erklären, dass der Neuankömmling aus einem anderen Tal kommt und Traktoren verkauft, dass er früher ein starker Kletterer war, aber jetzt Langläufer ist.

Leider wird das Rudel in dem Moment, in dem du der Illusion erliegst, eine minimale Sprachkompetenz hätte dir erlaubt, der Gruppe beizutreten, darauf bestehen zu unterstreichen, dass die Grenzlinie immer noch sehr akkurat gezogen ist. Damit nicht genug: Vor deinen ungläubigen Augen und Ohren wird sich die längste italienische Konversation entwickeln, der du bis zu diesem Moment jemals beigewohnt hast. Und an dem Punkt dämmert es dir: Ein Jahr in Südtirol ist ein Wassertropfen im Ozean, ein halber Höhenmeter, die erste Expresse bei einer Klettertour mit 35 Seillängen auf der westlichen Zinne, der „Skyline“.

Der Horizont liegt nach fast einem Jahr in Südtirol psychologisch und linguistisch noch in sehr weiter Ferne. Du ziehst daher in Erwägung, einen Dialektkurs zu besuchen, und nicht wenig überrascht stellst du fest: Es gibt so was tatsächlich.

Do Dialektkurs

An einem Abend Anfang Oktober radelst du von deinem *Puschtra* Dialektkurs nach Hause und beschließt, auf den Antrieb deines E-Bikes zu verzichten und im Öko-Modus weiterzuradeln, um alle 300 Höhenmeter der Steigung zu spüren, die deine kleine Wohnung vom „Haus der Vereine" trennt.

Während du dir die schweißgetränkten Handschuhe und die Mütze ausziehst und dabei zum x-ten Mal das frisch gelernte *„Jo, wundobor"* vor dich hinmurmelst, klopfst du dir innerlich auf die Schulter, weil du trotz Öko-Modus dem Herzinfarkt auch diesmal entgangen bist.

Beim Öffnen des Kühlschranks stellst du fest, dass du nur ein Roggenbrot und ein Glas Gurken vorrätig hast, denkst fieberhaft nach, wie denn nun gleich noch mal Gurken auf Italienisch heißen, brichst aber angesichts derartig trostloser Zustände in deinem Kühlschrank weder in Tränen aus noch kaufst du gleich ein *One-Way-Ticket* nach Sorrent. Du rufst weder deine Therapeutin noch die Bergrettung an, weil eine Panikattacke droht, sondern guckst den Mond durchs Fenster an und denkst daran, wie glücklich du dich doch schätzen kannst und wie schön es doch ist, Brot und Essiggurken zu Abend zu essen … siehst du, genau in dem Moment wird dir bewusst, dass sich tatsächlich etwas in deinem Leben geändert hat. Nicht nur deine Ernährung.

Würde man in Rom einen Kurs zum Erlernen des dortigen Dialekts besuchen, würde sich die Gruppe aus folgenden Teilnehmer:innen zusammensetzen: du in deiner Lebensphase als *Travel Designer*, eine barfüßige Malerin, die gerade ein Praktikum bei der FAO absolviert, ein Reporter des *Messaggero*, Ressort Verbrechen und Unfallmeldungen, und ein iranischer Klarinettenspieler. Die Lehrperson, eine pensionierte Beamtin der römischen Verkehrsbetriebe, würde die Beine auf einer *Formica*-Schulbank in der Mitte eures Sitzkreises übereinanderschlagen, eine Brosche in Form einer Kamelie auf Höhe der linken Brustwarze an ihrer Bluse tragen, und sie würde mit an Begeisterung grenzender Gerührtheit aus Trilussas Werken vorlesen.

In den ersten *Puschtra* Dialektkurs im „Haus der Vereine" in Bruneck haben sich eingeschrieben: du in deiner Lebensphase als Biomasse-Verkäuferin, eine französische Konditorin, ein neapolitanischer Arzt, eine Soldatin und zwei Beamte der Finanzpolizei.

Das Grenzörtchen Bruneck (auf pseudoitalienisch gern *Brunìko* ausgesprochen) bietet wenig Malerisches, selten Poetisches, aber viel Rustikales, Bodenständigkeit und schwere Artillerie.

Deine erste Kursleiterin wird die Bluse bis unter das Kinn zugeknöpft tragen, den eh schon kompakt frisierten Dutt mit einem Haarreif ordentlich zurückgeharkt, die Brille auf der Nasenspitze balancierend. Der Blick: undurchdringlich. Zur Klasse hält sie einen gewissen Sicherheitsabstand, der durch das Pult gewährleistet wird.

Diese Lehrerin wird dir die Grundlagen des Lebens in Südtirol beibringen: Grußformeln, Zahlen, Wochentage, Monate, Jahre, das eine oder andere Verb. Sie wird sie an die Tafel schreiben, ihre Aussprache mit euch üben, sich vergewissern, dass auch alles ordentlich ins Heft übertragen wurde, sie löscht die Tafel und macht mit dem Stoff weiter. Als *Handout* erhältst du eine Fotokopie mit einem Dialog, in dem einige freie Stellen mit den passenden Begriffen aus einer Wörterliste auszufüllen sind. Die Klasse hat 7 Minuten Zeit für die Übung, dann wird alles gemeinsam korrigiert. Dabei wird laut vorgelesen, ein Satz pro Kopf, jede(r) einmal, in der Reihenfolge, in der man sitzt. Mit einer Disziplin aus dem vorvorigen Jahrhundert öffnet diese erste Kursleiterin ein wenig die Tür zu einer Sprache, zu deren taubstummem Publikum du bis zu diesem Moment gehört hast. Sie zeigt dir, dass die unverständliche Welt, die dich in deinen ersten Monaten in Südtirol umgeben hat, zum Großteil aus alltäglichen, essenziellen Wörtern besteht, aus Grundkonzepten wie Trinken, Essen, und nochmals Trinken, Danken, Zahlen und Heimgehen. Sie macht dir klar, dass alles, was bisher um dich herum geschehen ist, nichts Außergewöhnliches, Transzendentales war, sondern pures Überleben – und du warst davon ausgeschlossen, weil du nicht verstanden hast, dass *Griaßtenk* ein Gruß im Plural ist, *Erschta* das Dialektwort für Dienstag, *Stoan* ein Felsen, *Soal* ein Seil, *droi* drei, *zwoa* zwei, *hoam* daheim. *Aulegn* heißt beladen, und *Pojen*, *Ahornach* und *Fochina* sind keine seltenen Vogelarten, sondern drei Namen für ein und denselben Ort im Ahrntal, einer Fraktion von Sand in Taufers.

Zum Bruch mit deiner ersten Dialektlehrerin kommt es, als sie versehentlich versucht, die Stunde interaktiv zu gestalten, indem sie ihre Schüler:innen fragt, ob es etwas Besonderes gibt, das sie lernen möchten.

„Ich möchte ein paar Witze lernen", sagst du.

Während deines ersten Jahres in Südtirol sind es gerade die Witze, die dich in Verlegenheit bringen. Du verstehst die Pointe einfach nie: Obwohl du der Einleitung noch halbwegs folgen kannst, verlierst du dich am Wendepunkt und lachst am Ende nur aus Gruppenzwang.

„Wenn Sie, Frau Lehrerin, uns einen Witz erklären könnten, oder – noch besser – ein paar Witze beibringen, die wir an einem Abend unter Freunden nach dem 14. Bier aus dem Hut zaubern könnten …", wirst du hinzufügen.

„Witze kann man niemandem beibringen", wird die bissige Antwort sein. Schließlich wird aber ihr Pflichtbewusstsein die

Oberhand gewinnen, und die nächste Stunde wird sie damit einleiten, die Klasse darüber zu informieren, dass sie Witze mitgebracht habe. Und ohne mit der Wimper zu zucken oder auch nur einem ihrer perplexen Schützlinge in die Augen zu schauen, schon gar nicht dem *Finanzer*, der an genau diesem Tag seine Probestunde nimmt, beginnt sie damit, die Witze vorzulesen.

„Geht ein Sarner…"

Puahahahahahaha. Die Lehrerin bricht in prustendes Gelächter aus, einen unkontrollierten Lachflash, sie macht sich fast in die Hose vor Lachen. Sie hat den ersten Satz noch nicht zu Ende gelesen und bereits Tränen in den Augen. Nie zuvor hast du die Lehrerin so lachen gesehen. Sie fährt mit dem Lesen fort.

„… in Bozen durch die Straßen und zieht ein Seil hinter sich her."

An diesem Punkt ist ihr Gesicht eine vor Anstrengung verzerrte Fratze, sie schluchzt im verzweifelten Versuch, einen weiteren Lachanfall zurückzuhalten. Und während du und der Rest der Klasse euch ratlos anblickt, die Augen zusammenkneift, ein Ohr näher an das Pult bringt, um vielleicht ein Wort mehr zu erhaschen, das euch einen Bruchteil des Sinnes des Ganzen erklären könnte, liegt die bisher so mustergültige Lehrerin vor Lachen am Boden. Sie versucht, weiterzulesen.

„Ein Polizist hält ihn auf und fragt ihn, warum er das Seil ziehe."

Sie macht eine Pause, um das große Finale nicht zu vermasseln, atmet vor der Pointe noch einmal tief durch und flüstert in einem Atemzug, die Tränen mühsam zurückhaltend:

„Er antwortet: Weil. Ich. Es. Nicht. *Schieben.* Kann."

Puahahahahahaha.

Das ist der Moment, in dem die Lehrerin sich vor Lachen nicht mehr halten kann. Die Klasse guckt bestürzt. Mit großen Augen.

Endlich am Ende des famosen Witzes angelangt, wendet sich die Lehrerin an die fassungslose Klasse und trocknet sich die Tränen ab.

Sie fragt: „Habt ihr verstanden?"

Nein, Lehrerin.

Ihr werdet nichts verstanden haben – außer einer Sache: Man kann sich an die Fortbewegung auf dem Rad gewöhnen, an die Diät aus Gurken und Spezi, aber eines ist sicher: Wenn dich nicht einmal mehr die Essgewohnheiten von den voll integrierten Südtirolern unterscheiden, ist es ein unkontrollierter Lachanfall, der die psychologische Grenze markiert.

Wenn du erst einmal die Pointe eines Witzes in Echtzeit verstehst, wenn du ehrlich vergnügt zusammen mit den anderen lachst, in dem Augenblick spürst du, dass eine lebensverändernde Wende stattgefunden hat. Vor diesem Tag war es, wenn auch nicht die Ernährung, so doch der Humor, der dich von Südtirol trennte. Es ist ein Lächeln, das dich noch immer von der ersten Dialektlehrerin trennt, die deine Klasse angesichts der nackten Tatsache, euch den überaus raffinierten Südtiroler Humor nicht beibringen zu können, schnöde verlassen und in die Hände der zweiten Dialektlehrerin gelegt hat.

Die zweite Lehrerin des Dialektkurses ist ein Kapitel, ach was, ein ganzer Roman für sich. Sie hat sizilianische Wurzeln – jawohl, sizilianische, nicht nur solche, die bis zur Poebene reichen – und ist mit der Familie im Alter von sieben Jahren nach Bruneck gezogen, wo sie von klein auf die Schule in deutscher Sprache besucht hat. Das Ergebnis: 19 Jahre zarter Schönheit, eine Figur, wie sie nur eine in Südtirol aufgezogene Sizilianerin haben kann, die Haare ganz klar importiert, weil lockig. Dazu perfekt dreisprachig: Italienischer Muttersprache hat sie den Dialekt auf der Straße gelernt, besser gesagt auf der Forststraße, um zu überleben.

Bei der zweiten Lehrerin scheint der Dialekt von einer Eleganz zu sein, die der italienischen Mode des *Corsivo*, dieser blasierten Schnörkelsprache, das Wasser reichen kann, eine eingängige und delikate Melodie, eine Sprache, die vor Zuckerguss nur so trieft. Während du der Lehrerin lauschst und ihre Körpersprache studierst, wird dir bewusst, dass deine bisherigen Anläufe, Dialekt zu sprechen, nichts als der ungelenke Versuch waren, einen Baggerfahrer zu imitieren. Seit dir nämlich erklärt wurde, dass ein *Baggafohra* tatsächlich das Pendant zum italienischen *pacherista* ist, beschränkt sich dein Dialektepizentrum auf die Größe einer Baustelle, innerhalb der du in deinem ersten Jahr in Südtirol unter konstantem Schulterheben, Doppelkinn-in-Richtung-Hals-Heranziehen und dem Imitieren einer rauen Männerstimme die ersten Schritte machst und dabei mit verhaltenem Kopfnicken nach Bestätigung suchst.

Die sizilianische Lehrerin hingegen lehrt dich, dass man Dialekt sprechen kann, ohne sich in einen Baggerfahrer hineinversetzen zu müssen. Stattdessen kann man sich auch in eine Neunzehnjährige mit Traumfigur hineinversetzen. Indem man sie ansieht, ihr zuhört, wie sie den *Konjunktiv Zwoa* erklärt und auf nützliche Orte wie den *Biocholodn* (das Buchgeschäft) statt auf Dinge wie den *Stodl* (Heustadel) verweist, erkennt man, dass man auch Prinzessin bleiben und trotzdem ganz gut Dialekt sprechen kann. Und dass man, um das Wort *Spitol* (Krankenhaus) herauszubringen, weder eine Stimme wie der Weihnachtsmann braucht noch bis zur Tafel spucken muss. Man kann auch einfach mit zum Kussmund gespitzten Lippen und ohne Speichelspritzer das Wort *Spitol* aussprechen.

Und plötzlich wird der Dialekt zur extremen Bildungssprache, mit der man sich in einem ständigen Konditional ausdrückt, so als wäre alles ein Wünschen, eine offene Tür statt eines Befehls, einer Pflicht: *sollasch, mochasch, trinkasch, wellasch*. Eine Sprache, in die es manchmal ein *sem*, ein *ingaling* oder ein *afollafelle* einzuflechten gilt, wenngleich man die genaue Bedeutung dieser Wortgebilde nicht versteht, und in der man den Allerhöchsten mit hineinzieht, um seinen tiefsten Dank auszudrücken: *Vogelt's Gott.* Auch (und vor allem) in der Bäckerei.

Der Dialektkurs katapultiert dich auf den Mond. Okay, wenn schon nicht auf den Mond, dann wenigstens auf den Gipfel des Schwarzensteins, den *Schworznstoan moane.* Mit ausgestrecktem Bein grätscht er in deinen Alltag und lässt dich den *Konjunktiv Zwoa* des Verbs *gehen* konjugieren: *i gangat.* Futurismus, Poesie, Schönheit: *i fohrat, i megat, i trinkat, i sollat, i kennat.* Und damit nicht genug: *i warrat gfohrn, i hett getun* und so weiter. Er reißt die Tür zu einer überaus gehobenen Sprache weit auf, die komplett auf „ich würde, aber", „mir gefiele, dass", „bitte", „danke" und dem unvermeidlichen *„magari"* (zu Hochdeutsch „vielleicht") aufgebaut ist. Genauso geschrieben: Manfred, Adler, Georg, Arnold, Richard, Isidor.

Du verlässt den Dialektkurs zusammen mit deinen Kollegen, auch sie wie vom Donner gerührt und immer noch Zufallsverben deklinierend, ihr betretet die Pizzeria mit selbstsicherem Habitus und gebt vor, im Dialekt zu bestellen, ohne eure Kenntnisse konsolidiert zu haben, bereit für die Unendlichkeit und weiter.

„I tat gern a Morgherito essn, kannat i bestelln bitte, gern, danke, vogelts Gott, du, gell?"

Euer Enthusiasmus wird vom Kellner im Keim erstickt, der ein unmissverständliches *„Volentieri. E da bere?"* („Gerne. Und zu trinken?") nicht unterdrücken kann.

Ihr aber, unerschütterlich: *„I trinkat gern a kloans Bier, bitte."*

Der Kellner mit unbeeindruckter Miene: *„Una birra? Rossa o chiara?"*

Im Chor schallt es zurück: *„Klaaar, bitte!"*

Und so wird eure Leidenschaft für das Gelernte bei jedem Ausflug in die Öffentlichkeit ausgebremst. Aber ihr lasst nicht locker. Du, die Konditorin, der *Finanzer* und der Soldat beherrscht vielleicht noch nicht den *Konjunktiv Zwoa*, aber ihr laviert euch jeden Tag besser durch die dunklen, endlosen Mäander des Südtiroler Dialekts.

Die Wahrheit ist: So sehr man sich auch verbessern kann, so gibt es doch Grenzen, die man nie überwinden wird. Eine Person aus dem Ahrntal zu verstehen und in ihrem Dialekt zu kommunizieren, das bleibt ein Traum.

Du wirst tatsächlich Leute aus dem Ahrntal treffen – Hubi und Lutl zum Beispiel würdest du sogar als gute Freunde bezeichnen. Abgesehen davon, dass du geschlagene drei Monate gebraucht hast, nur um ihre tatsächlichen Namen zu verstehen (Hubert und Ludwig), hast du mit ihnen eine Beziehung aufgebaut, die auf solidem gegenseitigem Anlächeln und verständnisvollen Blicken basiert. Viel weiter wirst du nicht kommen, mit Worten wirst du sie nicht verstehen, aber du gibst dich damit zufrieden, ihre Namen zu kennen – in zweifacher Ausführung – und ihre ehrliche Ausstrahlung zu bewundern.

„Hoi Hubi“, lächelst du ihn an.

„Hoi hoi“, lächelt er zurück.

Und ihr verharrt so, in simpler Harmonie. Manchmal versucht sich Lutl in einer Art Konversation und fragt dich: *„Aosebahcuadtskasch?“* Und lächelt.

Du schaust ihn an, probierst es todesmutig mit einem *„jo eben“* oder gibst auf, wirfst sofort das Handtuch, lächelst schweigend zurück. Und er versteht, dass du nicht verstehst, lächelt, und so steht ihr da, in wunderbarer, schlichter Harmonie. Was solltet ihr euch auch so Wichtiges sagen, du, Hubi und Lutl? Ihr seid bereits so eng befreundet, dass keine Erklärungen mehr nötig sind, und mit ihnen gibt es garantiert keine Missverständnisse. Einfach nur ein Lächeln, ein simples Lächeln.

Auf der Autobahn
Die Kaiser Buam

E-Bike

Als echter Berg-Frischling liebst du den Frühling und die Sommerzeit mehr als dich selbst. Bis August mag die Daunendecke auf dem Bett und das Unter*leibchen* in den Gummibund deines Slips gestopft bleiben. Aber im April legst du mit triumphierendem Lächeln die Stirnlampe zurück in die Schublade. Nach einem Winter, dessen Rhythmus von den auf Skitouren überwundenen Höhenmetern vorgegeben wurde, fühlst du dich bereit, die Skier in den Keller zu stellen und dich am Frühling und an der Sommerzeit regelrecht zu berauschen, bereit für die nächste Challenge, die diese Südtiroler Jahreszeit für dich in petto hat. Da wirst du auch schon gefragt, ob du Rad fahren kannst, genauer gesagt, wirst du recht penetrant danach gefragt, ob du Rad „fährst". *Maliaba*, meine Liebe, sei dir gewiss: Die offensichtlich scheinende Antwort ist nicht die richtige. Besser, du sagst nein, *leider* kannst du nicht Rad fahren, zumindest nicht im Südtiroler Sinn des Wortes: Ein Radfahren, das einen Start im Morgengrauen beinhaltet, gepolsterte Radelhosen und ein Giro-d'Italia-taugliches Trikot zur fest anliegenden Radbrille, das Schwungholen und ein Aufsitzen im Laufen – das mit dem harmlos scheinenden Euphemismus „sportliches Aufsitzen" bezeichnet wird. Es sieht außerdem eine Tour über alle Pässe Südtirols vor, das Berühren aller Punkte, an denen die vier Himmelsrichtungen an die Grenzen der Provinz Südtirol stoßen, mit Rückkehr vor Sonnenuntergang. Nein, *maliaba*, vertrau mir, sag, dass du *nicht* Rad fahren kannst.

Sobald du ein Berg-Frischling wirst, wirst du eines tun – und zwar bevor du ein Kind kriegst oder dir einen Rassehund zulegst, den du Manfred oder Helga nennst, ihn in deinem Bettchen schlafen und aus deinem Tellerchen fressen lässt, weil er „besser als jeder Mensch ist“: Du wirst in die E-Bike-Phase deines Lebens eintreten.

Du nimmst ein Darlehen auf, um dir das Transportmittel zu kaufen, das dein Leben umweltfreundlicher und nachhaltiger machen soll. Ja, denn dein Gewissen als vorbildliche Umweltschützerin ist mittlerweile doch etwas in der Krise, was am größenwahnsinnigen Südtiroler Bürgersinn liegt.

Du, die Jüngerin der Mülltrennung, du, die du der früheren römischen Bürgermeisterin Virginia Raggi beigebracht hast, Metall von Plastik zu trennen, du als jemand, der das Papierschildchen vom Teebeutel abreißt, um es nicht in den Biomüll zu werfen, genau du wirst in Südtirol plötzlich *so* klein mit Hut, deine Überzeugungen wirken lächerlich in einer Gesellschaft, die Papier von Karton trennt, Plastikflaschen von Tuben, Gläser von Verpackungen. Du wirst fertiggemacht von einer Gesellschaft, in der man am Samstagmorgen gerne Schlange vor dem Recyclinghof steht, um eigenhändig jedes verdammte Stück Müll in den richtigen Container zu werfen.

Du kaufst dir ein E-Bike in der Hoffnung, deinem ökologischen Gewissen ein wenig Selbstbewusstsein zu schenken – und in der Gewissheit, ohne Anstrengung in die Pedale treten zu können.

Während des Kaufs stellst du dir schon vor, wie du in weißen Hosen und Ledermokassins im Turbo-Modus auf einer spiegelebenen Radroute mit feinem, glatten Asphalt herumdüst, die Haare im Wind flatternd, die Augen hinter großen Sonnenbrillen versteckt. So kommst du im Büro an: als ob du geradewegs vom Friseur kämst und gerade rechtzeitig für einen Kaffee.

Sobald du ein Berg-Frischling auf dem E-Bike wirst, zerfallen all deine Träume in der Zeitspanne, die du brauchst, um eine Onlineüberweisung zu machen, zu Staub. Die ersten Leute, die dich im Sattel sehen, rufen dir zu, dass du einen Helm und Handschuhe für die Abfahrt brauchst. Moment, Abfahrt?

Nach der ersten Runde kommst du dann vollkommen verschwitzt und matschbespritzt im Büro an, zu spät für den Kaffee. Du beschließt, dir einen Helm und Handschuhe zu kaufen und mottest die weißen Hosen für den Rest der Saison ein. Die Geheimnisse der Scheibenbremsen erkundest du bei einigen Stürzen auf Kies, die dir das Knie aufschlitzen, und anstatt nach *Mamma* zu rufen, betest du zu „Graziella“, deiner alten Fahrradmarke im früheren Leben in der Großstadt, in Zeiten, in denen du es warst, die anderen beibrachte, wie man Müll trennt.

Bist du erst einmal im Besitz deines E-Bikes, wirst du einen Gedanken nicht mehr loswerden: seine Anschaffungskosten zu amortisieren. So brichst du am ersten freien Wochenende zu einem Trip zum Mond auf, angezogen wie für eine Etappe des Giro d'Italia: eine am Hintern gepolsterte knappe Radelhose, dazu ein elastisches und schweißdurchlässiges Funktionsshirt. Das buntgemusterte Mikrofasergewebe betont deine wellige Oberschenkelinnenseite sowie die leicht adipösen Hüften, diese unauslöschlichen Tätowierungen eines Lebens, das aus einer Aneinanderreihung von *Apericene* bestand. Ein Leben, in dem du die einzig wahre Umweltschützerin warst.

Du entdeckst, dass die „richtigen“ Radfahrer nichts mitnehmen. Du gestattest dir, einen winzigen Rucksack zu packen. Darin verstaust du eine Wasserflasche, das Erste-Hilfe-Set und eine gute Portion guten Willen. Du verzichtest auf die Mitnahme eines Paars langer Hosen und eines Pullovers. Auch die Handschuhe und die Wollmütze bleiben zu Hause, in der Hoffnung, der Wind, den man beim Hinunterradeln von einem 2.000 Meter hohen Gipfel verspürt, wäre auch nicht viel mehr als eine sanfte Meeresbrise.

Sobald du in den Sattel deines E-Bikes steigst, wird dir schnell klar, dass du im Turbo-Modus zwar die Feuerwehrhalle des Nachbardorfes erreichst, aber für längere Strecken wohl den Modus nutzen musst, für den du seit deiner Geburt bestimmt bist: Öko.

Und so bestreitest du im Öko-Modus haarsträubende Höhenunterschiede, mit einer Batterie, die gerade mal die zwanzig Kilo semi-nachhaltiger Technologie deines Rads kompensiert, und Beinen, die nach einem *Apericena* schreien.

Du wirst es schaffen. Die Hütte erreichst du mehr tot als lebendig, ohne Wasser und mit ausgedörrten Lippen. Dort erwartet dich ein Grüppchen junger blonder Frauen in Leggings und Top. Sie haben dich beim Hinauftreten mit der Nonchalance von Athletinnen im Tour-Modus und der Gewissheit, auf dem Gipfel die Batterie aufladen zu können, überholt.

Du trinkst ein Bier, das beste der Welt, wie dir scheint, bestellst Spiegeleier mit Speck und Röstkartoffeln und sprichst ohne Reue ein Prosit auf das Leben aus – dein neues Leben als Berg-Frischling.

Schlussendlich kehrst du, vollkommen erledigt von der Abfahrt und so verbraucht wie die Scheibenbremsen deines E-Bikes, nach Hause zurück. Du stellst mit Stolz fest, dass die Batterie noch komplett geladen ist. Du ziehst dich aus, widerstehst der Versuchung, mitsamt deiner Kleidung in die Waschmaschine zu steigen, um danach weniger zu stinken, und du hast das unbestimmte Gefühl, dass du in diesem Sommer wohl nur eines mit den richtigen *Montanari* teilen wirst: die Bräune.

Bergvagabunden
Tiroler Bergsteigerchor

Hochtourn

Es gibt ein Konzept von „Höhe", das etwas ambitionierter ist als das, was du dir vorgestellt hast, als du zu deiner Reise hierher aufgebrochen bist. Es gibt eine Kälte, die fieser ist als alles, woran du gewöhnt bist, eine Luft, die um ein Vielfaches dünner ist als das, was du bisher eingeatmet hast, eine Aktivität, die viel extremer als die Überlebenskunst ist, die dein neuer Alltag ständig aus dir herauskitzelt: die Hochtour.

Die erste Hochtouren-Erfahrung machst du mitten im Sommer. Zu Fuß erreichst du eine Hütte auf zirka 2.500 Meter Höhe, bestellst einen verkochten Teller *Pastasciutta* mit Tomatensoße, zwei Weizenbier und legst dich auf die Pritsche einer kleinen Kammer, die nach Käsefüßen stinkt.

Den Kameraden auf der Nachbarpritsche imitierend, schlüpfst du vollständig bekleidet in einen überaus praktischen Schlafsack. Das mit der vollständigen Bekleidung verstehst du zwar nicht, beschließt aber, dich auf das Urteil einer Person zu verlassen, die vom Aussehen und vom Geruch her sehr viel alpinistischer anmutet als du. Du schließt die Augen und schläfst in der klassischen Embryonalstellung ein. Auf 2.500 Höhenmetern überlassen Körper und Geist nur ungern der Schwerkraft das Feld, weshalb du erst kurz vor dem Weckerläuten einschläfst.

Das Hochgebirge verlangt nach zwei Turnussen beim Aufstehen: die Verbissenen um 2 Uhr morgens, die Faulpelze um drei.

Ohne Gewissensbisse schläfst du bis drei.

Mitten in der Nacht wachst du also auf, völlig traumatisiert, und verstehst sogleich, warum du komplett angekleidet zu Bett gegangen bist: Zu dieser Uhrzeit, im Dunkeln und in dem halbkomatösen Zustand, in dem du dich befindest, würdest du dir noch die Socken anstelle der Handschuhe anziehen.

Bist du erst einmal auf den Beinen, stehen dir zwei Aufgaben bevor, die nicht wenig Feingefühl erfordern: den Schlafsack wieder zusammenrollen und versuchen, ihn in seine über Nacht geschrumpfte Hülle zurückzustopfen, und die Hütten*patschen* unter dem Bett ausfindig machen. Die haben fast Schuhgröße 47, Flossen quasi, und wurden über die Jahrhunderte von ganzen Seilschaften von Bergsteigern oder Möchtegernalpinisten getragen. Nachdem du gut vier Minuten mit Schlafsack und Hülle gekämpft hast, hat die Vernunft gesiegt, und der Schlafsack liegt jetzt lose in deinem Rucksack. Du denkst, das Schlimmste hinter dir zu haben und schlurfst in deinen *Patschen* zur nächsten Herausforderung: dem Frühstück.

Das Trauma eines Frühstücks um fünf nach drei am Morgen hat nichts mit der Uhrzeit zu tun, sondern mit dem Selbstbedienungsbuffet. Ja, denn zu der Zeit, zu der sich Bergsteiger oder Möchtegern-*Montanari* bereit machen für die Besteigung des nächsten Gletschergipfels, schläft der liebe Hüttenwirt samt Team den Schlaf der Gerechten. Frühstücken im Hochgebirge sieht folgendermaßen aus: Eine Menschentraube in offensichtlich geistig verwirrtem Zustand lungert an einer Theke herum, die Milch landet im Teller, das Schinkenbrötchen wird geistesabwesend in den Kaffee getunkt, im Kühlschrank wird nach dem Teekocher gesucht, während Marmelade überall auf den Tisch tropft, auf den du irgendwann verzweifelt die Ellbogen stützt, um im Geiste auf den Knien um ein 150-Gramm-Glas Nutella zu beten.

Ist die Hürde des Frühstücks überwunden – nicht ohne einen Apfel mitgehen zu lassen, das Mittagessen spendiert heute der

Hüttenwirt, haha! –, wirst du einigermaßen flink etwas tun, was du dir zu solchen Uhrzeiten selbst nie zugetraut hättest: Du schnürst deine Bergschuhe. Und ist erst einmal die Stirnlampe eingeschaltet, setzt du dich schwankend in Bewegung, noch im Halbdunkel, auf dem Weg zur Eroberung des Gipfels der Welt: dem Gletscher.

Ist dir das Wetter gnädig, ist der Beginn dieser Tour das Einfachste, was dir in den 45 Minuten zuvor untergekommen ist. Tatsächlich musst du einfach nur einer Menschenschlange folgen, die deutlich wacher und schwungvoller ist als du, wobei es einige sogar schon geschafft haben, ihren morgendlichen Stuhlgang abzuhaken (während du noch mit Schlafsack-*Wrestling* beschäftigt warst). Leichtfüßig, aber im konstanten Stechschritt, wandern sie dahin, immer in Richtung des sagenumwobenen Gipfels. Dem Konvoi lässt sich leicht folgen, mit etwas Abstand, bis zur ersten Morgendämmerung. Und mit dem Restschlaf in den Knochen spürt man die Anstrengung fast gar nicht.

Die erste Morgendämmerung fällt mit dem Erreichen des Gletscherfußes zusammen, und dank der Klimaerwärmung bedeutet das, dass der Gipfel von hier aus nicht mehr besonders weit ist. Schon kann man ihn am Horizont erkennen.

Am Gletscherfuß angekommen, erfordert die Hochtouren-Erfahrung einen Kleidungs- und Ausrüstungswechsel. Du klatschst dir die Sonnencreme ins Gesicht, wenngleich die Sonne zunächst nur eine Fata Morgana am Horizont ist, setzt dir deine riesige verspiegelte Sonnenbrille auf, als würdest du dich bereit machen für eine Schlauchboot-Tour zwischen den Klippen der Äolischen Inseln, schlüpfst in einen leichten Klettergurt, aktivierst den „Pieps" in deiner Jackentasche und befestigst die Steigeisen an den Bergschuhen. In der Hand hältst du einen Eispickel. Ein Bergführer mit braunen Wangen und weißen Kreisen rund um die Augen hängt dich wie eine *Kaminwurz* mit anderen, ähnlich ausgerüsteten Menschen zusammen und befestigt ein Seilende an deinem Rucksackgurt: eine *Longe*, um dich aus der Gletscherspalte zu ziehen, in die du möglicherweise fällst. Nichts wird dem Zufall überlassen.

Und an diesem Punkt wird der Konvoi zu einer Kette, nein, zu vielen kleinen Ketten aus Menschenperlen, die sich in scheinbar willkürlicher Manier an den Gletscherhängen entlang verteilen, jede Perle mit ihrem Pickel, jede mit ihrem Stück Nabelschnur, das nicht zu straff und nicht zu locker gehalten werden muss, jede mit ihren Fragen und Zweifeln, ihrer Euphorie und ihren zu Eis gefrorenen Erwartungen. Langsam wird aufgestiegen, zwischen Eis und Felsen, die Mutigsten gehen den Grat entlang, während die Konservativen auf dem als „normal" bezeichneten Weg bleiben, dem, der in ungefähr drei Stunden auf den Gipfel führt.

Am Gipfelkreuz, das man erreicht, wenn die Sonne bereits hoch am Himmel steht, heißt es wieder Schlange stehen für das obligatorische Foto. Außer den drei Sekunden für das Gipfelselfie hat man sieben Minuten, um sich umzuziehen. Wer kann, trinkt einen Schluck Tee aus der Thermosflasche, wer sich am schnellsten umgezogen hat, schafft es noch, ein Brötchen hinunterzuschlingen, das vom Frühstücksbuffet stibitzt wurde. Die, die nicht schwitzen, schaffen sogar noch den Apfel. *Klick*. Das ist der Gipfel des Gletschers. Ein schnelles Foto mit Selbstauslöser zwischen einem Biss vom Brötchen und der Versuchung zu widerstehen, das *Leibchen* in der Eiseskälte zu wechseln, stattdessen die weise Entscheidung, einfach neue Lagen darüberzuziehen.

„Los geht's, zurück zur Hütte", sagt der Bergführer. Und man kehrt zurück, unter der hochstehenden Sonne auf einem Weg, der von Minute zu Minute gefährlicher wird.

Was für großartige Emotionen, was für eine unendliche Schönheit, was für eine immense Genugtuung, vom Gipfel wieder abzusteigen, und zwar auf demselben Weg, auf dem man man ihn gefühlte sieben Minuten zuvor erreicht hat, aber mit dem Vorteil, dass es nun abwärts geht, der Rücken von bereits gefrorenem Schweiß bedeckt und zwischen den Schneidezähnen ein Stück Weißes vom Speck. Hochtour, *bärig!*

Und was für ein Schauspiel ist erst der Gletscher unter deinen Füßen, der unweigerlich schmilzt. Wer hätte je gedacht, dass der Großvenediger, wenn die Sonne am Zenit steht, fast wie Jesolo erscheint mit seinem Gewimmel von Wasserläufen und deutschen Touristen im Unterhemd?

Wie schön doch diese Benommenheit beim Weckerläuten in finsterer Nacht ist, was für eine herrliche Herausforderung das Selbstbedienungsfrühstück, wie beeindruckend die Anstrengungen, sich aus einer Felsspalte zu befreien – aber die Erfahrung einer Hochtour macht man aus einem ganz anderen Grund. Und zwar aus dem, mit der Nase voran auf den Gletscher zu stürzen und mit den Beinen knietief in ihm zu versinken, mitten in all dem, was rings um uns herum passiert. Genau dort drüben ist es wie in den Felsen hineingemeißelt, man sieht die Spuren noch genau: Wo der Gletscher vor zehn, 20, 30, 50 Jahren war – die Differenz beträgt keine Zentimeter, sondern Hunderte von Metern. Und wie versteinert betrachtet man das Spektakel unzähliger Bächlein, die sich zu Mittag ihren Weg durch das Eis graben, dabei die traurige Wahrheit erkennend: Es ist verdammt heiß. Es gibt kein traurigeres Szenario als einen schmelzenden Gletscher. Es ist, als zerfalle die Natur unter den Füßen – alt, müde, all ihrer Macht beraubt.

Und du stehst nun dort, bedröppelt, machtlos, klein, mit deinen lächerlichen Steigeisen an den Füßen, die du auch noch falsch befestigt hast, mit einem lächerlichen Eispickel in der Hand, den du falsch hältst, und einem zurückgelassenen *Apfelbutzn* auf dem Gipfel. Ups. Zum Glück war der bio.

Und je weiter du dich vom Gletscher entfernst, umso mehr ähnelt der Abstieg zur Hütte einem Abstieg zum Strand. Sind die Steigeisen erst mal ab, fühlen sich die Skistiefel an wie leichte Sommersandalen. Ohne Klettergurt und Eispickel hat die Thermo-Funktionsjacke das Gewicht eines Kaftans, und deinen Kopf scheint statt der dicken Wollmütze ein Panamahut zu zieren.

Mit jedem Schritt, den du abwärts machst, nehmen Hunger, Durst, Müdigkeit, Hitze und Aufregung überhand und verursachen Halluzinationen von Stroh-Sonnenschirmen auf der Terrasse der Hütte und Cocktailgläsern mit köstlichen Piña Coladas, die von hüftschwingenden, dunkelhäutigen Kellnerinnen serviert werden. Mit der tatsächlichen Annäherung an die Hütte von Norden her steigt dir allerdings dank einer leichten Brise der Geruch der Klärgrube in die Nase. Da viele – unter anderem auch du – nicht in der Lage waren, dem Ruf der Natur im Herzen der Nacht nachzukommen, haben sie diesen Drang bis nach dem Abschluss des Abenteuers, der Erfüllung ihres Traums, unterdrückt. So wartet nach dem Prosit mit „Radler Colada", gegenseitigem Schulterklopfen und ehrlichen Glückwünschen eine lange Schlange vor dem Klo auf dich. Du stellst dich hinten an, und während du wartest, formulierst du in Gedanken eine Ansprache für die Freunde in der Stadt, die dich im August besuchen kommen wollen.

Liebe Freunde,

mit großem Schmerz und nicht weniger Unmut sehe ich mich vor die schwere Aufgabe gestellt, euch eine Wahrheit mitzuteilen, über die lange geschwiegen wurde: Das Gipfelkreuz ist überbewertet. Das Gipfelkreuz ist nicht die Ziellinie.

Meine Lieben, lasset euch sagen: Das Gipfelkreuz ist nicht das Ziel. Der Ball ist dort noch nicht im Tor, sondern erst an der Mittellinie. Am Gipfelkreuz wird nicht gejubelt, gefeiert oder gar das *Leibchen* ausgezogen, es ist zu windig, zu kalt, manchmal sogar zu überfüllt.

Das Gipfelkreuz im Winter erreicht man, nachdem man die Skier ein Stück davor zurückgelassen hat, um sich schlimmstenfalls mit dem Eispickel in der Hand und Steigeisen an den Stiefeln bis zu ihm hinaufzuhangeln. Bestenfalls handelt es sich um eine 4er-Wand, die man mit Skischuhen an den Füßen und Skistöcken in den Händen hinaufklettert.

Nach einem sonnenverwöhnten Aufstieg färbt sich der Himmel bei Erreichen des Gipfels unweigerlich schwarz, Wolken ziehen auf, ein stürmischer Wind bläst einen fast wieder hinunter, oft schneit es. Das ist ein Naturgesetz. In dem Moment, in dem man das Gipfelkreuz erreicht, ist der Körper geschunden, die Sicht gleich null, die Kälte beißend.

Man nimmt all seinen Mut zusammen, streift sich einen (einen!) Handschuh ab, zieht das Handy aus der Jackentasche, macht ein Foto von der manchmal so nebelverhangenen Kulisse, dass man genauso gut in der Poebene stehen könnte, nähert sich dem Berggefährten für ein schnelles Selfie, verstaut das Handy wieder und streift sich den Handschuh ohne Zögern wieder über.

Das Selfie wird sich als unbrauchbar erweisen. Ein Daumen verdeckt das nicht ganz überzeugte Lächeln der beiden und die schemenhafte Ahnung eines Kreuzes im Hintergrund.

Und dann nichts wie hinunter, hinunter, es ist ja kalt, es ist ja spät, hinunter, bevor die anderen Bergsteiger kommen, man muss hinunter, damit die nächste Seilschaft heraufkann.

Das Gipfelkreuz im Winter in Südtirol zu erleben ist eine heikle Sache: Es ist das Gefühl, dort sein zu wollen, während man eigentlich lieber woanders wäre, es ist der Drang, abzusteigen, um einen windgeschützteren Ort zu finden, die Vorahnung, dass der Abstieg noch viel härter als der Aufstieg sein wird, das kurze Innehalten zwischen einem Moment extremer Anstrengung und einem weiteren Moment noch extremerer Anstrengung, und dazu ein verpfuschtes Foto, um das Ganze festzuhalten.

Das Gipfelkreuz im Sommer ist überrannt von Menschen, die für ein Selfie Schlange stehen, die sich ausziehen und sich dann auch noch herausnehmen, ihr verschwitztes Leibchen zum Trocknen am Kreuz aufhängen. Leute, die Videoanrufe nach Hause machen, um den Verwandten die Alpen und in der Ferne das Meer zu zeigen, Leute mit einer tief sitzenden Abneigung gegen Ohrstöpsel, daher ständig mit dem Handy im Lautsprechermodus, in jeder Höhe.

„Ciaooo! Mi sentiii? Io ti sentooo! Guardaaa … Nooo, non sono in pi-sci-na, mi sentiii? Guardaaa, sooono in Tren-ti-nooo.“

Das Gipfelkreuz im Sommer in Südtirol stellt einen kritischen Moment dar. Es ist der Moment, in dem wir in Kontakt geraten mit allem, was wir eigentlich meiden wollen, und allem, von dem wir trotzdem noch ein Teil sind: der Menschheit. Man schämt sich ein bisschen dafür, hier vor dem Kreuz: für einen selbst, für uns, unser Verhalten, unsere raubeinigen Manieren, unsere ungelenken Bewegungen und die ungleichmäßige Bräune.

Hier, in unmittelbarer Umgebung des Kreuzes, ertappt man sich dann dabei, etwas zu bewundern, was ein ganzes Stück tiefer liegt: die Scharte. Still, geschützt, einladend. Ein Ort, an dem man die Vergangenheit sieht und die Zukunft erspäht, an dem man sich hinsetzen und den Rücken an den Felsen lehnen kann. Man kann das *Leibchen* gegen ein frisches auswechseln, vom mitgebrachten Brötchen abbeißen, einen Schluck Tee trinken, manchmal auch in den Schlafsack schlüpfen und so tun, als würde man ein Nickerchen machen, während es um einen herum regnet, schneit und stürmt.

In der Scharte hat das Handy kein Netz, und das Kreuz mit der ganzen rundherum versammelten Menschheit lässt sich aus einem gesunden Sicherheitsabstand betrachten.

Freunde, wisset: Das Erreichen des Gipfelkreuzes im Sommer auf einigen Gipfeln Südtirols erweckt in einem eine unkontrollierbare Abneigung gegen die Menschen, die sich auf diese Berge begeben, gegen jene Menschen, die *einfach so* da hinaufsteigen, gegen Berg-Frischlinge: Nach langem Herbeisehnen, Schmachten, ja, Lechzen und schließlich Erreichen der Gipfel und ihren Kreuzen werdet ihr das Gipfelkreuz schmähen, und mit ihm alles rundherum. Ich lade euch ein, die Schönheit der Scharte zu überdenken, bevor es zu spät ist.

Scione Grusse, wie man hier sagt.
Enrica

Strada del sole
Rainhard Fendrich

Detox

Südtirol hat die Fähigkeit, uns Neuankömmlinge mit seiner weitverbreiteten Wellnessmentalität einzulullen, als befänden wir uns in einer schützenden Gebärmutter.

Abgesehen von der konstanten, tief aus den Eingeweiden kommenden Begierde nach einer *Carbonara* wirst du in deinem ersten Jahr in Südtirol keine große Lust verspüren, die Provinz wieder zu verlassen. Vom kleinen, engen Tal, in das es dich verschlagen hat, ist die maximale Distanz, die dir einleuchtet, die bis zum nächsten Tal mit noch exotischerem Namen: dem Pfossental zum Beispiel. Wenn du in Bruneck lebst, gleicht das Unterfangen, in den Vinschgau zu fahren, einer Ozeanüberquerung. Wohnst du in Auer, ist das Passeiertal genauso weit weg wie der Nordpol. In deiner Fantasie formt sich das Bild des mythenumrankten, legendären, unentdeckten Tals schlechthin: des Ultentals.

Ob es einem gefällt oder nicht: Während des ersten Jahres seines Aufenthaltes sollte man dringend davon absehen, Südtirol zu verlassen. Jeder Fluchtversuch könnte absolut unerwünschte Nebenwirkungen haben.

Du wirst auf eine Hochzeit in Apulien eingeladen? Lehne ab.

Es ist zu lange her, dass du das letzte Mal getanzt hast, Stöckelschuhe anhattest, dass die Haut an deinen Füßen das letzte Mal die Sonne gesehen hat. Du würdest aus der Menge der Hochzeitsgäste herausstechen mit deinem Tiroler Dirndl, dem elegantesten Teil aus deinem Kleiderschrank, mit dem

Farbunterschied zwischen Knöchel und Füßen, der vermuten lässt, dass du dich dermaßen gut eingelebt hast, dass du bereits Sandalen mit Socken trägst. Du würdest die Eltern der Braut schockieren, weil du mit dem Opa väterlicherseits um 4 Uhr morgens auf dem Tisch tanzt. Kurz: Du würdest den Anschein einer aus dem Zoo entkommenen Bestie erwecken, wie du zwischen den Tischen herumstreifst, den erstbesten Kellner an den Schultern packst und „Polonäääääääse!" schreist. Sie würden dich verhaften, frühmorgens am Strand, wenn du dich nackt und betrunken ins Meer werfen willst, während am Horizont das Flugzeug von Bari nach Bolzano/Bozen abhebt.

Du erhältst die einmalige Chance, einen einwöchigen Studienaufenthalt in Berlin zu verbringen: Sag Nein.

Mach dir nicht vor, dass eine Reise in Richtung deutschsprachiges Nachbarland – zu Orten, deren Distanz zu deiner Heimat von diversen Faktoren wie Sprache, Pünktlichkeit, Respekt vor roten Ampeln und der Tatsache, dass Bier dort eine Religion ist, etwas abgemildert werden könnte – eine Lösung wäre.

Als Erstes darfst du nicht vergessen, dass der Südtiroler Dialekt nichts mit dem Deutschen zu tun hat, und in Berlin versteht man dich wahrscheinlich besser, wenn du Englisch sprichst und nicht *Puschtrarisch*. Es gibt zu viele Ampeln, um sie alle bei Grün zu überqueren, und Pünktlichkeit kann auch in einer teutonischen Metropole zu einem ziemlich dehnbaren Begriff werden.

Alles, was eine Stadt wie Berlin bieten kann: Hunderte von (ebenen!) Radwegen, die Möglichkeit, mittags Sushi, abends Kimchi, eine Bowl, einen Döner, aber auch eine Pizza mit Knoblauch und Ei, eine Bratwurst oder etwas Veganes essen zu können, die genderfluide Mode und der Halal-Trend, die Biergärten, die FKK-Parks, die Musikkultur, die Freiheit, sich zu kleiden, wie man will, die Netzstrümpfe, die rosaroten Haare, die Nippelpiercings, die Einladungen zum Abendessen und Treffen im Park – das ist alles nichts für dich. Nicht mehr.

Sobald du in Berlin ankommst, scheinen dein Hausberg, die Kühe auf der Weide, die Funktionskleidung und die Wochenenden an der Kletterwand nur noch verblasste Erinnerungen in Schwarz-Weiß zu sein, wie ein Buch von Geschichten auf dem Land, das du vor langer Zeit einmal gelesen hast. Du lädst dir die Bike-Sharing-App auf dein Handy, ziehst Windjacke und Handschuhe an und machst dich auf, die Stadt zu erobern. Nach drei Tagen, nach dem x-ten Sushi-Bowl-Roll-Halloumi mit Kichererbsen wird dein Magen im *Puschtra* Dialekt anfangen zu fluchen: *Tiocane!*

Deine Nase läuft, im Hals beginnt es zu kratzen, eine leichte Windjacke reicht nicht mehr aus, um die ständigen Temperaturumschwünge der Stadt auszugleichen, die Handschuhe sind pitschnass von den ständigen kurzen Platzregen: *Ma povzelona.*

Am vierten Tag kriegst du Fieber, am fünften hisst du die weiße Flagge, buchst den ersten Flug nach Bolzano/Bozen, wirfst dir ein *Tachipirina mille* – das italienische Allheilmittel aus 100 % Paracetamol – ein und sackst an deinem Fensterplatz erschöpft zusammen. Kurz vor der Landung wachst du auf und hörst den Kapitän vom „schönen Wetter" in den Dolomiten berichten, siehst die Wälder von Oberbozen, während das Flugzeug im Sinkflug zwischen den Porphyrwänden hinabgleitet. Beim Durchschreiten der automatischen Schiebetüren des winzigen Flughafens, wo ein Männlein die Koffer auf das einzige vorhandene Gepäckband hievt, beginnst du dich besser zu fühlen.

Eine Freundin will sich mit dir in Lissabon auf ein langes Wochenende verabreden: Lass gut sein.

Du würdest den gesamten Aufenthalt an der Bushaltestelle verbringen, um auf den Shuttlebus vom Flughafen in die Stadt zu warten. An die Pünktlichkeit und Effizienz der Südtiroler

Öffis gewöhnt, unterliegst du dem Irrtum, dass es im Rest der Welt genauso ist.

Das ist der Südtirol-Effekt.

Dieselbe Freundin wird dir wärmstens diese berühmte Trekkingtour entlang der portugiesischen Küste ans Herz legen: Fünf Tage einsames Wandern zwischen sanfter Meeresbrise und Sanddünen, ohne Rucksack, denn der wird von jemand anderem getragen. Lehne kategorisch ab.

Der Südtirol-Effekt macht sich bemerkbar, wenn sich deine Eingeweide unangenehm zusammenziehen beim bloßen Gedanken an einen tagelangen Marsch im Alleingang ohne 25-Liter-Rucksack auf den Schultern als Gegengewicht. Wie jetzt, ohne Trinkbeutel? Ohne Erste-Hilfe-Set? Und was ist mit dem Reserve*leibchen*? Dem Pulli? Der Softshell-Jacke? Der Landkarte? Der Stirnlampe? Wo sind Schaufel, Sonde und „Pieps"?

Wenn du in Südtirol lebst, brauchst du eine derartige Reise nicht. Du wirst die Kunst, allein zu wandern, perfektioniert haben, du kennst jeden einzelnen Weg, ob 500 oder 2.000 Höhenmeter, und du weißt, wie man von deiner Haustür bis dorthin kommt. Du bist eine Magierin der Rundwanderungen, weil du selten wandern gehst ohne das Ziel, eine Strecke zu begehen, die dich auch wieder nach Hause führt, und sei es über Umwege ins (österreichische) Ausland. Nie käme es dir auch nur in den Sinn, einen Ausflug von mehreren Stunden zu planen, ohne einen Rucksack mitzunehmen – den mit den Schlaufen für den Eispickel und die Skier, mit den Seitengurten für die Stöcke, dem Netz für den Helm, dem Hüft- und Brustgurt.

Trotzdem ist es wichtig, Südtirol von Zeit zu Zeit zu verlassen, aus Bürgersinn und Selbstliebe. Manchmal ist es einfach nötig, sich der Realität zu stellen und mit dem Kopf gegen die Wand zu rennen, gegen Inflation, Immigration, Globalisierung, die Bildung einer neuen Regierung und die Abwesenheit einer echten Opposition. Man muss es tun, um die eigene Überlebensfähigkeit außerhalb der schützenden Artikel des Autonomiestatutes zu testen, an Orten, wo das Gesetz der Straße zählt und nicht die Regeln des Radwegs. Es ist wichtig, um den Geschmack von *Guanciale* und Fisch (dem aus dem Meer, nicht dem aus dem Fluss) nicht zu vergessen, die mediterranen Farben, die roten und rosa Wände der Häuser, die Nummernkennzeichen der Autos aus dem letzten Jahrtausend, das Peroni-Bier, die Blechdächer, die Bausünden und die italienischen Fußball-Kommentare.

Es ist also geradezu eine Pflicht, Südtirol auch einmal zu verlassen. Wichtig ist dabei nur, dies mit den nötigen Vorkehrungen zu tun. Die Schachtel *Maalox* gegen Sodbrennen sollte auf jeden Fall mit, auch sollte man sich selbst ermahnen, sich mit dem Tanzen zurückzuhalten, sich manchmal hinzusetzen, anderen nicht mit einem *„jo eben"* ins Wort zu fallen und an der Bar kein Radler zu bestellen.

Das empfohlene Detox-Programm ist das folgende: ein Ticket Bolzano/Bozen – Rom und zurück, zwei *Carbonare*, einmal *Spaghetti alla Gricia* mit *Carciofi*, drei Frühstücke mit Pistazien-*Cornetti*, ein Friseurbesuch, fünf Gin Tonic und unzählige *Espressi*.

Für das richtige spirituelle und psychophysische Gleichgewicht sollte dieses Detox-Programm mindestens alle drei Monate durchgeführt werden.

Das Problem ist, dass dein Körper sich mit all seinen Kräften gegen dieses Entgiften wehren wird. Dein Darm hat in Südtirol einen Zustand erhabenen Friedens erreicht, den du dir nie hättest vorstellen können: zehn (Nacht-)Stunden ohne Nahrung, acht Stunden Schlaf am Stück, ein Antonius-Bier am Donnerstagabend, rohen Krautsalat als *Antipasto*, Klettertraining am Montag, Mittwoch und Freitag, Skitour am Samstag, Langlauf am Sonntag.

Dein Körper hat in Südtirol sein *Nirvana* gefunden, er wird fast schon krankhaft abhängig davon sein. Er hat sich formen, abmagern, meißeln und manipulieren lassen von diesem gesunden Leben hier an der Grenze zum Unmöglichen. Vom Aussehen her hast du den einheimischen *Look* angenommen: Bedingt durch die Unerreichbarkeit des Friseursalons deines Vertrauens, fügst du dich in die Masse ein und tarnst dich darin. Auf der Straße grüßen sie dich im Dialekt, und wenn du ihnen ebenfalls im Dialekt antwortest, halten sie dich ob deines Akzents für eine Ladinerin. Es ist keine mentale Gehirnwäsche, deine Gedanken reisen immer noch zwischen Rom und Peking umher, machen Zwischenstopp in Singapur, nur mit Handgepäck und Reisezahnbürste ausgerüstet. Deine Gedanken fliegen, erschaffen neue Welten, erforschen Träume und weltbewegende, universelle, transzendentale Ambitionen. Währenddessen aber hat dein Körper zwischen Knödeltris und Kräuteraufguss die absolute Glückseligkeit gefunden, und auch nur der leiseste Gedanke an einen Aufbruch, *magari* in Richtung Süden, verursacht einen Kurzschluss im System. Dein Körper akzeptiert bereitwillig und mit gedämpftem Enthusiasmus die Idee, zu einer Skitour im Vinschgau oder im Schnalstal zu starten. Beim bloßen Gedanken an einen Alpenvereinskurs im Ultental röten sich deine Wangen, die Augenringe verblassen, die Arschbacken kneifen sich wie von allein zusammen, dein Herz pumpt Blut in die Muskeln, du beginnst auf der Stelle mit ein paar Aufwärmübungen, und beim Betrachten der Tabacco-Karte auf deiner Handy-App kommst du schon das erste Mal ins Schwitzen.

Allein schon die Vorstellung eines langen Wochenendes (nicht einmal einer ganzen Woche), sagen wir von Donnerstagabend bis Sonntagmorgen ungefähr, das bloße Studieren der Zugfahrpläne versetzt deinen Körper in den Guerilla-Modus. Vom bloßen Gedanken daran, in einen Zug nach Süden zu steigen, die Grenze des Breitengrades von Arco zu überschreiten, kriegst du Halsschmerzen, erhöht sich deine Körpertemperatur, der reine Akt der Reservierung eines *walschen* Zugs auf der *Trenitalia*-Website beschert dir Magenkrämpfe und Schwindelanfälle.

Und so machst du dich dennoch nach Rom auf, wie vom Detox vorgesehen, und dein Herz und deine Seele jubeln jetzt beim Gedanken an am Himmel kreisende Möwen, an die roten Dächer bei Sonnenuntergang, an eine echte *Carbonara* mit *Guanciale* (statt *Pancetta*) … während dein Körper hustet, zittert, Risse bekommt und völlig zerfällt beim bloßen Gedanken daran, sich für ein paar Tage von seinem geliebten Südtirol zu trennen.

Aber gib nicht auf, eine leicht erhöhte Körpertemperatur tut deiner Lust auf *Carbonara* keinen Abbruch.

Du startest also mit dem Unterhemd in den Gummibund deines Slips gestopft und den dicken Bergsocken, im Gepäck Hustensaft, Halspastillen, *Tachipirina* und Taschentücher. Du springst in den Zug, nimmst deinen Platz am Fenster ein, schließt die Augen, und wenn du sie aufmachst, bist du schon in Rovereto, und die Berge hat er bereits hinter sich gelassen, der Schnellzug, dieses heimliche Symbol für die Einheit Italiens: der *Frecciarossa* Bolzano/Bozen – Sibari.

Du kommst in Rom an, blass, ausgelaugt, mit violetten Tränensäcken unter den Augen, verschwitzt, weil du noch immer zehn Lagen Kleidung trägst. Bevor du aus dem Zug steigst, schreibst du deinem Freund Pompeo: „Wie wär's mit Mittagessen?“

Und er antwortet: „Ja. 13.30.“

Woraufhin dein Körper sofort in Unterzucker fällt und sich zu wehren beginnt. Du aber lächelst beim Gedanken an ein Mittagessen zu einer zivilisierten Uhrzeit. Deine ersten Stunden in Rom werden dir von einer *Gricia* (natürlich *al dente*) mit *Guanciale* und *Carciofi* versüßt.

Und da, bei Tisch, nach einem Glas Rotwein aus den *Castelli Romani*, gewährt dir dein Körper eine Pause. Er senkt das Gewehr, steckt das Messer in die Scheide zurück, lehnt den Rücken an die Stuhllehne und konzentriert sich zutiefst entzückt auf seine Verdauung.

Arieccoce, ben tornata: willkommen zurück.

Und sie werden sagen: „*Eriga!* Mensch, siehst du abgemagert aus! Geben sie dir nix zu essen, dort im Trentino?"

„Wenig", gibst du zu.

„Aber wo arbeitest du denn überhaupt da oben?", bohren sie neugierig nach.

„Ich verkauf Treibstoff im Pustertal", ist deine ehrliche Antwort.

Und sie lachen und stoßen auf deinen Witz an.

Du stimmst ein ins Gelächter und schiebst dir eine *Polpetta* mit *Sugo* zwischen die Zähne, gefolgt von einer *Bruschetta* mit Zichorie und *Stracciatella*. Du verschlingst einen Löffel Bohnenpüree und *Guanciale*. Die Farbe kehrt in dein Gesicht zurück, dein Bauch bläht sich leicht auf, und deine Wangen färben sich rot wie die eines chinesischen Touristen in Florenz beim ersten Schluck offenen *Chiantis*.

Die seelisch-körperliche Idylle dauert 36 Stunden. In diesem Zeitraum wachsen dir wieder Wangen und Hüften.

Pünktlich zu Mittag des zweiten Tages, bei der dritten Dosis Kohlenhydrate (natürlich *al dente*) mit Ei-Überschuss zu südländischen Uhrzeiten schlägt auch deine innere Uhr 12. Der Hosenknopf springt ganz von allein ab, dein Pulli verheddert sich im Stuhl, deine Haare sträuben sich, dein Bauch ist wie ein aufgeblasener Ballon, der sich unter lautstarkem Grummeln krampfartig zusammenzieht. Um die Situation zu beruhigen, nimmst du ein *Maalox*. Aber damit ist es nicht getan. Das Einzige, was jetzt noch hilft, ist ein Knödel. Und damit ist es eindeutig an der Zeit, wieder zurückzufahren.

Eine kurze, aber intensive Flucht. Du gibst klein bei, weil du zugeben musst, dass dein Körper mittlerweile einer anderen Weltgegend angehört, einer anderen Ernährungsweise, einem anderen Biorhythmus. In Windeseile packst du den Rucksack, und ohne auch nur eine Minute zu verlieren, machst du dich im Eilschritt auf den Weg Richtung Bahnhof, bevor du auch noch Fieber bekommst.

Du grüßt niemanden, verabschiedest dich nicht, du vereinbarst auch keinen Termin für dein nächstes Detox-Programm. Es ist besser so: Sie werden deine Abreise gar nicht mitbekommen, so wie sie deine Wiederkehr nicht mitbekommen werden, in drei oder vielleicht sechs Monaten. Für sie wirst du dortgeblieben sein, in den Bergen, und sie werden sich an deinen herrlichen Pustertal-Witz noch lange erinnern, als wäre es gestern gewesen.

Anton aus Tirol
DJ Ötzi

Après-Ski

In Südtirol gibt es verschiedene Arten von Partys.

Es gibt die Feste, die am Morgen beginnen, mit Weißwurst, Bier und Brezeln, und die ewig dauern, denn wenn man abwechselnd Bier und Essen zu sich nimmt, ohne mit anderen alkoholischen Getränken zu mischen, kann man bis zum Abwinken weitermachen. Die Basis aus Weißwürsten und Laugenbreze fungiert als Beton-Estrich, als Isolierschicht, und bewahrt die Fähigkeit, literweise Bier in sich hineinzuschütten, ohne auch nur mit der Wimper zu zucken.

Dann gibt es die Feste, zu denen man in voller Skimontur und mit den üblichen besten Absichten erscheint – nur schnell den Hüttenwirt grüßen, ein kleines Bier trinken und mit der Stirnlampe wieder ins Tal fahren – und die dann irgendwie am nächsten Morgen enden, nachdem man acht Stunden lang in Skischuhen auf dem Tisch getanzt hat.

Auch die Hauspartys beginnen am späten Nachmittag. Gleich am Eingang werden die Schuhe ausgezogen, und weil es einen unvorbereitet trifft, steht man dann mit einer löchrigen Socke und dem nackten großen Zehennagel da, der seit der Euro-Einführung keinen Nagellack mehr gesehen hat. Auch in diesem Fall natürlich mit den besten Absichten – kurz Hallo sagen, einmal Prost und Servus. Es sind dies die Feste, die man normalerweise als Letzte(r) verlässt, und zwar erst, wenn der Hausherr in tiefster Nacht die Musik abdreht und die vom Gin Tonic gezeichneten Gäste in ihren vom Wohnzimmerfußboden abgewetzten

Socken auffordert, sich auf den Nachhauseweg zu machen, während sich dein Couchnachbar noch schnell die Ziehharmonika schnappt, um *Sapore di sale* zu intonieren und damit den 40. Breitengrad gar nicht mehr so weit entfernt erscheinen zu lassen.

Und dann gibt es da noch Après-Ski, eine oft unterschätzte Form des Partymachens, weil sie unermüdlichen Jugendlichen zugeschrieben wird. Après-Ski eignet sich jedoch hervorragend für die Bedürfnisse der Dreißig- bis Fünfzigjährigen, deren Kinder „aus dem Gröbsten raus", beim Babysitter oder noch gar nicht auf der Welt sind. Après-Ski ist nichts für Kinder, ist aber perfekt für die Bedürfnisse der Altersgruppe des „Ich würde ja gerne, aber". Jene Leute, die gerne abends ausgehen würden, aber trotzdem früh raus müssen, um am nächsten Tag Ski fahren zu gehen, die, die eine Skitour mit Weckerläuten um Punkt sechs planen, und wenn sie nicht mindestens sechs Stunden Schlaf abbekommen, bereits wissen, dass sie beim Aufstieg leiden und bei der Abfahrt nicht genügend Kraft in den Beinen haben werden. Die, die gerne tanzen gehen möchten, aber zu der Uhrzeit, für die die westliche Welt beschlossen hat, dass es dann okay ist, tanzen zu gehen, also um 23 oder 24 Uhr, am liebsten auf dem Diwan einschlafen würden. Für all diese Personen – alle fit, sportlich, athletisch, tief im Innersten Tanzmäuse, auch wenn sie nach außen etwas hüftsteif daherkommen – gibt es in Südtirol Après-Ski. Und macht bloß nicht den Fehler zu glauben, zum Après-Ski müsse man unbedingt in Skianzug und Hosenkraxen aufkreuzen, in locker geöffneten Skischuhen. Nein, *signore e signori*, zum Après-Ski geht es in normaler Kleidung, wenngleich eine Handvoll Vorkehrungen tatsächlich zum Erfolg des Abends beitragen können.

Man muss sich nicht gleich um 16 oder 17 Uhr in das Après-Ski stürzen, völlig erschöpft von der letzten Abfahrt auf der schwarzen Piste. Man kann auch ganz gemütlich um 18 Uhr eintrudeln, ein Bierchen trinken, ein bisschen im Takt auf- und abwippen und zusammen mit den ersten anderen Furchtlosen die Tanzfläche aufwärmen. Oder man kommt um halb sieben, lässt sich von der bereits wild herumhüpfenden Menschenmenge Richtung Tanzfläche schieben, während man mehr oder weniger rhythmisch zur Musik nickt und die ersten Refrains anstimmt. Oder man kommt sogar erst um sieben und stürzt sich im Engelsflug von der Bühne, direkt in den Menschenhaufen in bereits komplettem Delirium, verschwitzt und genau im richtigen Maß euphorisch. Das Wichtigste beim Après-Ski ist, nicht zu spät zu kommen, die Zeit nicht überzustrapazieren, denn oben erwähnter Engelsflug birgt um 21, 21.30 Uhr die Gefahr einer völlig unglamourösen und ungebremsten Bauchlandung auf dem Boden der Tanzfläche, auf der sich kein einziger Tanzender mehr befindet, um den Sturz zu dämpfen.

Kurz: Das Timing ist beim Après-Ski ganz klar geregelt. Kommt man wie gesagt gegen 18, 18.30 Uhr an, hat man alle Zeit der Welt, einen ersten Drink zu nehmen, in die Atmosphäre einzutauchen, einen Platz in relativer Nähe der Tanzfläche zu finden, neben der Band, die nur darauf wartet anzufangen, eben einen sicheren Platz, wo man seine Jacke und den Pulli deponieren und im Auge behalten kann.

Womit wir beim Après-Ski-Outfit wären. So mancher nostalgische und klar identifizierbare römische Tourist wird sich bemühen, seinen großen Auftritt im Ganzkörper-Skianzug mit Hüftgürtel und Moon Boots hinzulegen, oder aber in Latzhosen mit elastischen Trägern, die sich wie eine Steinschleuder ziehen und an den Bauch klatschen lassen, dazu bis über die Knöchel geschlossene Skischuhe. Ich rate allerdings zu einem anderen Aufzug. Dabei ist es wichtig, den Vorspann und das Nachspiel zum Après-Ski im Auge zu behalten und nicht zu unterschätzen: die Frage, wie man dorthin und von dort wieder wegkommt.

Die An- und Abfahrt erfolgt nur teilweise mit dem Auto, ein Stück muss man immer zu Fuß gehen, weil die Parkplatzsuche direkt vor dem Eingang der Location ein Ding der Unmöglichkeit ist. Bedenkt man, dass Après-Ski auf 1.000 bis 2.000 Meter Höhe zelebriert wird, und das im Allgemeinen nicht im August, ist es ziemlich wahrscheinlich, dass der Fußweg auch über schneebedeckte, oft vereiste Strecken führt. Und das bei einer Außentemperatur, die zwischen minus 7 und plus 3 Grad Celsius schwankt.

Es gilt also, freiliegende Knöchel und damit Sneakers zu vermeiden. Ich rate zu mitteldicken Kniestrümpfen (keine Wolle!), die bis zur Tür so weit wie möglich hinaufgezogen und nach Betreten des Lokals bis zu den Knöcheln hinuntergerollt werden können.

Schuhe mit etwas „Grip“ unter den Sohlen sind eine gute Idee, nichts übermäßig Technisches, aber auch nichts allzu Maritimes. Ballerinas und Pumps können zu irreparablen Erfrierungsschäden führen, auch wirken sie noch mehr fehl am Platz als die Latzhose mit Trägern. Jeans passen zu allem und sind komfortabel, am besten trägt man sie hoch auf der Hüfte mit Gürtel, um sie nicht zu verlieren, wenn man über die Theke springt oder auf die Bühne geht, um den Gitarristen zu küssen. Beim Oberteil gilt es abzuwägen. Übertrieben viele Bekleidungsschichten sind zu vermeiden. Der von Mode-Ratgebern viel gepriesene Zwiebellook könnte sich beim Après-Ski als kontraproduktiv erweisen, oder zumindest als schrecklich kompliziert in der Handhabung: Auf eine Garderobe hofft man vergebens. Es empfiehlt sich, ein T-Shirt mit kurzen Ärmeln zu tragen, nicht zu anliegend und am besten in einer dunklen Farbe, um die üblichen Flecken in der Achselhöhle zu kaschieren. Dazu ein mittelwarmer Pullover, den man bei 40 Grad waschen und eventuell ganz entbehren kann, falls er verloren oder von einem Rotweinglas getroffen wird. Über das ganze Ensemble kommt noch eine dicke Daunenjacke, die gleich am Eingang abgelegt wird. Die Option, eine Wollmütze in der Tasche dabeizuhaben, ist in Betracht zu ziehen, und zwar für später, wenn man in seinem verschwitzten *Leibchen* in der Menge steht und der Türsteher alle unerbittlich in Richtung arschkaltem Ausgang schubst. Auch sollte man sich überlegen, ob man eine Handtasche wirklich braucht, und stattdessen dafür optieren, nur das Nötigste – Geld, Handy, ein Taschentuch – in den Hosentaschen zu verstauen. Auch ist ernsthaft in Erwägung zu ziehen, ein Unter*leibchen* zu tragen. Ja! Das Unter*leibchen* eignet sich bestens für den Weg bis zum Eingang der Location, macht das Warten vor der Tür erträglich, hält den Körper während der ersten beiden Songs warm, und dann – schwupp! – wird es mit einem gekonnten Handgriff einfach aus- und unter dem Pulli und T-Shirt herausgezogen. Nach einem Stündchen Après-Ski, so gegen 19 Uhr, ist die Menge bereits euphorisch, es wird links und rechts angebandelt, der Gitarrist hat sich schon das Hemd aufgeknöpft, und im allgemeinen Gewirr zwischen „Und dann die Händeeeee zum Himmeeeeeel" und „Disko Pogo, dinge-linge-ling" fällt der Move sowieso niemandem auf.

Der Move: Er besteht darin, sich das Unter*leibchen* auszuziehen, ohne das, was darüber ist, zu touchieren: zuerst der rechte Träger, dann der linke, dann – hopp! – wird es bis zur Taille heruntergezogen, noch mal – hopp! – bis zu den Knien, und – hopphopp! – mit einem Sprung, bei dem man sich mit einer Hand am Tresen oder einem Freund festhält, oder – hooooooppp! – mit einem entschiedenen Sprung (Knie zur Brust, Füße angezogen, Kinn zum Bauch) … – voilà! Schon hält man das Teil in der Hand, knüllt es zu einem Ball zusammen und schiebt es in einen Jackenärmel. Kein Zauberstück, sondern lediglich ein guter, wirksamer Trick. Natürlich muss man zuvor die Geistesgegenwart besessen haben, das richtige Unter*leibchen* zu wählen, das mit den Trägern, nicht das Langarmshirt, sonst funktioniert der Trick nicht. Obwohl das Langarmshirt auch gleich als T-Shirt fungieren könnte.

Es ist einfach so: Zum Après-Ski kann man sich anziehen, wie man will. Ist man erst einmal im Lokal, untergetaucht im Strom der Tanzenden, grölend und Pogo tanzend, schaut niemand mehr auf die Details des Outfits.

Bis auf die legendären Ski*tute* aus den *Fantozzi*-Filmklassikern, ist das Après-Ski eine Partyvariante, die ganz im Zeichen der Mikrofaser, der Sportmarken und des Goretex in allen Varianten steht. Unter den „Après-Ski Party-People" ist das technisch-funktionelle Outfit sicher das am meisten verbreitete, und die Leute auf der Tanzfläche sehen oft aus, als kämen sie gerade von einem Ultratrail, einem Extremtrekking oder einer Eisklettertour. Es sind feierwütige Einheimische, die da im Einkehrschwung von der Piste auf die Tanzfläche wedeln – ohne Garderobenwechsel. Servus Achselschweiß.

Tatsächlich ähnelt die Luft bei einem Après-Ski jener in der Kletterhalle – zum Quadrat. Duftintensität und Hormonkonzentration in der Luft machen aus dem Lokal einen Ort, wo explosionsgefährdete Gemische herangezüchtet werden, und so mancher Luftschwall riecht, als ob die letzte Dusche bereits ein Wöchlein her wäre. Eine Woche, in der man seinen luftundurchlässigen Winterpullover 24 Stunden am Tag anbehalten hat, zusammen mit den dicken Wollsocken.

Die Fauna des Après-Ski bringt zwei Arten von Männern hervor: den Alm-Öhi und den Südländer.

Ersterer, der Naturbursche, rümpft eigentlich die Nase über Après-Ski, aber wenn er dann dort ist, von Freunden in einem Moment völliger geistiger Unzurechnungsfähigkeit dorthin verschleppt natürlich, gibt er alles, greift den Moment beim pudelbemützten Schopf und hat mehr Spaß als alle anderen zusammen. Der Alm-Öhi ist tendenziell ein Einzelgänger und verbringt die ganze Woche in seinem geregelten Job, um sich am Wochenende in seine Almhütte zurückzuziehen, die Haare wieder offen zu tragen und die Bandana wie einen Haarreif zwischen Ohren und Stirn um den Kopf zu klemmen. Er trägt seine Arbeitshosen mit Seitentaschen, schwere Stiefel mit dicken Sohlen, das Flanellhemd und darunter – nichts. Der Alm-Öhi macht keine halben Sachen. Er trägt keinen Zwiebellook, niemals. Wenn er auch immer wieder betont, wie sehr er die Ruhe der Wälder liebt, den Ruf der Berge, das Rauschen der Bäche und das ständige Bedürfnis, *Holz kliabn* zu gehen, so überraschend verwandelt sich der Alm-Öhi beim Betreten eines Après-Ski-Lokals, nein: Er erfindet sich neu. Er steht nicht gerade vor der Bühne, aber auf einer unbestimmten Position zwischen Bühne und Tresen, die es ihm erlaubt, den Blick auf Erstere frei zu haben, während er an Zweiterem weiter zu trinken bestellt. Wenn er auch betont, ein Eremitendasein zu führen, so kennt er doch alle Lieder, bewegt seine Beine zum Rhythmus der Musik und verliert nicht den Anschluss zwischen einem Song und dem nächsten. Entgegen allen Erwartungen kommt er sogar mit etwas Discofox zurecht. Er ist der Typ, mit dem man tanzen sollte, weil er einen fest im Griff hat und fähig ist, jede (auch nur scheinbar) magere Frau in die Höhe zu heben. Man muss nur achtgeben, den Schweißtröpfchen zu entgehen, die ihm beim wilden Tanzen von den Haarspitzen sprühen, wenn man sich dem Alm-Öhi in Aktion nähert. Auch ist die Tatsache zu berücksichtigen, dass man ihn nicht mehr loswird, egal, welches Geschlecht oder welche sexuelle Orientierung man hat. Erst einmal im Dunstkreis des Alm-Öhis angekommen, ist man der Diktatur seines Pogo-Tanzens unterworfen, kann man sich den von ihm bestellten Bierrunden nicht mehr verweigern, es ist nicht mehr gestattet, kurz Pipi machen zu gehen, und die einzige Hoffnung ist, dass er irgendwann die Bühne stürmt, dem Frontmann der Band das Mikro aus der Hand reißt und zu singen beginnt – einen Arm um die Hüfte des Gitarristen und die andere an den Mikrofonständer gelegt, als ob er auf der Bühne geboren und noch nie in einer Almhütte gewesen wäre.

Sollte sich dieses Szenario ergeben, dass man sich aus dem Würgegriff des Alm-Öhis befreien kann, hat man Gelegenheit, das zweite Exemplar zu begutachten, das sich beim Après-Ski ebenso wie im Alltag weigert, Mikrofaser zu tragen: den Mann aus dem Süden.

Mit Süden ist einfach irgendein Ort südlich von Südtirol gemeint. Der Südländer ist oft in einem Restaurant oder Hotel der Gegend angestellt, sein Leben richtet sich nach Hoch- und Nebensaison. Während der Hochsaison arbeitet er. Nach Südtirol ist er an Bord eines Zuges gelangt, in den er am südlichsten Zipfel des italienischen Stiefels eingestiegen ist. Hier erhält er Logis und Verpflegung sowie ein gutes Gehalt, wofür er unermüdlich 12-Stunden-Schichten herunterreißt, mit kurzen Pausen und seltenen freien Tagen. Er fährt nicht Ski, aber wenn er frei hat, geht er zum Après-Ski. Für den Mann aus dem Süden ist Après-Ski der Schnittpunkt zwischen seinem ursprünglichen Leben und jenem in Südtirol, das Event, das einem *Aperitivo* in seiner Heimatregion am nächsten kommt. Après-Ski erscheint ihm tatsächlich als einzig möglicher Kompromiss zwischen dem nicht vorhandenen Aperitif und der nicht vorhandenen Diskothek. Auch wenn er diesen Vergleich in seinem alten Leben nie anstellen würde, besucht der Südländer in Südtirol das Après-Ski-Lokal mit beinahe schon germanischer Pünktlich- und Regelmäßigkeit. Dies geschieht unter strikter Einhaltung, zumindest was den Dresscode angeht, seines Konzepts des „Ausgehens". Er trägt eine Strickjacke, und darunter? Richtig, ein Hemd. Ausnahmslos weiß. Davon sieht man allerdings nur den Kragen, denn auch beim Après-Ski verliert ein Südländer niemals die Contenance und zieht die Strickjacke aus, niemals. Die Winterjacke schon, die wird in der Garderobe eingecheckt. Wie jetzt, es gibt ja keine Garderobe? Der Südländer erschafft sie sich, nein: Die Wahrheit ist, die Garderobe wird für ihn geschaffen, weil er den Eigentümer des Lokals kennt, mit ihm Freundschaft geschlossen und ihm klargemacht hat, wie wichtig es für ihn ist, seine Woolrich-Jacke in Sicherheit zu bringen. Deshalb ist der Südländer frei, durch das Lokal zu streunen, ohne ein Auge auf seine Jacke, Tasche oder dergleichen haben zu müssen. Trotz dieses Privilegs zieht er es normalerweise vor, an einer Säule oder einem Querbalken zu lehnen, der etwas seitlich versetzt vor der Bühne zwischen Tresen und Tanzflächenrand angebracht ist. Der Südländer schlingt einen Arm darum, während seine Füße auf dem Treppchen des Tresens ruhen, in der Hand einen Gin Tonic. Von dort, von diesem Ausguck aus, nimmt er die Menge genauestens ins Visier, checkt die Situation, erwägt die Möglichkeiten, registriert die halbleeren Gläser der ausgelassen auf den Bänken tanzenden Frauen und bestellt mit einem Kopfnicken bei der Kellnerin eine weitere Runde für sie. Er erspäht das süße Mädchen vor der Bühne und sorgt dafür, dass sich ihre Blicke kreuzen, während er das letzte Eisstückchen am Boden des Glases durch seinen Strohhalm saugt. Er singt nicht. Er tanzt auch nicht. Im Gegensatz zum Alm-Öhi riskiert der Südländer keinesfalls, seinen mühsam frisierten Haarschopf in Unordnung zu bringen, der unbeweglich zwischen Stirn und Augenbrauen angeklebt zu sein scheint.

Es gibt nur einen Moment, und der dauert genau vier Minuten. Es sind die einzigen vier Minuten des Abends, an denen der Südländer den Balken loslässt. Er stellt die Fersen auf den Boden, immer noch auf dem Treppchen, immer noch im Gleichgewicht und auf seiner erhöhten Position, lehnt sich mit dem Hinterteil an den Tresen, um seine Stabilität zu verbessern und lässt das Glas los, um beide Hände freizuhaben. In genau dem Moment, in dem der Alm-Öhi aufs Klo geht, brechen beim Südländer alle Dämme: Es ist der *Yamme!*-Moment, der *Uai-emm-si-äi*-Moment. Und das, was du auf seinen Lippen liest, ist kein Playback, sondern Musik und Text. Rhythmisch unter eifrigen Armbewegungen, eine Hand auf der Hüfte und mit dem anderen, ausgestreckten Arm von rechts nach links zeigend und wieder zurück, werden beide Arme anschließend in die Höhe geworfen zum Sound von: „Uai-emm-si-äi, au soga sieigeuanna uai-em-si-e-e-e."

Da ist er, der Mann aus dem Süden, vollkommen versunken in seinem natürlichen Habitat, bereit für die Polonäse, oder dafür, sich die Wirbelsäule für ein bisschen Limbo auszurenken.

Das Intermezzo dauert jedoch nur kurz, und nach dieser Ausnahme von der Tracklist kehrt die Band auf der Bühne strikt, aber zu Recht, zurück zum Austropop, weshalb der Mann aus dem Süden seine Fersen wieder in Position bringt, die Kontrolle über den Balken zurückerobert, mit einem Kopfnicken einen weiteren Gin Tonic und eine Runde *Schnapslan* für die Frauen auf den Bänken hinten links bestellt, während der Alm-Öhi von der Toilette zurückkommt und sich noch auf dem Weg die Hosentür zumacht.

Das Schöne am Après-Ski, wenn es im Alter des „Ich würde gerne, aber…" stattfindet, ist, dass man um 18.30 Uhr auf der Tanzfläche ist, um 20 Uhr euphorisch, um 21 Uhr zu YMCA abgeht, sich um 21.30 Uhr so besoffen vorkommt wie um 4 Uhr morgens in einer Silvesternacht zu Oberschulzeiten, und um 22 Uhr draußen vor der Tür steht, Wollmütze auf dem Kopf, zusammengeknülltes Unter*leibchen* in der Hosentasche und fest geschlossene Jacke gegen die Kälte. In dem Augenblick, wenn der Südländer eine Pizza essen geht, um den Abend schließlich mit der Suche nach neuen Ausgehlokalen fortzusetzen, können die anderen nach Hause gehen, sich aus ihren verschwitzten Mikrofasern schälen und diese auf der Couch deponieren, um sie im Morgengrauen des nächsten Tages wieder anzuziehen und zu einer Tour zu starten. Und dann am Tag darauf wieder zu starten, nach sieben Stunden Schlaf am Stück und einem gesunden Frühstück, um die Gipfel zu erkunden, um Eisklettern zu gehen, um sich in den Pulverschnee und auf die Loipen zu werfen, mit der Bemerkung: „Gestern sind wir ausgegangen, aber heute geht es mir blendend. Als wäre ich noch zwanzig."

Für alle „Ich würde gerne, aber" gibt es eine einfache Lösung: Après-Ski.

Tage wie diese
Die Toten Hosen

In do Apotheke

Irgendwann fühlst du dich schlecht. Du hast Schüttelfrost, ein Schwindelgefühl, eine triefende Nase.

Der ganzen guten frischen Luft zum Trotz, dem Vitamin E, der Kuhmilch und den Biokarotten, trotz all den tollen Dingen, mit denen du dein Leben in Südtirol bereichert hast, gibt dein Körper auf, und du liegst mit einer Grippe flach.

Die Grippe, oder besser gesagt, die Konfrontation mit dem Gesundheitswesen, die diese impliziert, bringt jeden Berg-Frischling in Südtirol mit beiden Beinen wieder auf italienischen Boden zurück. Aber so was von. Tatsächlich empfängt der Hausarzt seine Patienten und Patientinnen zwischen 14 und 15 Uhr an ungeraden Tagen, beantwortet Anrufe nur eine Stunde vor den Visitenzeiten, und sollte er nicht antworten (ja, das passiert auch in Südtirol), kannst du ab 15 Uhr nichts anderes tun, als einen Rettungswagen zu verständigen, denn die Telefonzentrale des öffentlichen Gesundheitswesens in Südtirol ist nur von 9 bis 12 Uhr besetzt.

Da dein Hausarzt unerreichbar ist und du gerade noch so viel Kraft hast, dass ein Rettungswagen nicht nötig ist, gehst du in die Apotheke. Ah, die Apotheke.

Die Apotheke in Südtirol ist ein Ort, der spaltet. Ein Ort, der die von Generation zu Generation weitergegebenen ungelösten Wunden offenlegt, die kulturellen Unterschiede. Sie sind nicht alle gleich, klar, es gibt Apotheken mit äußerst freundlichem italienischem Personal, wo du mit gesenkter Stimme nach

Microclismi di glicerina fragen kannst und sofort verstanden wirst. Orte, an denen du auch mit einem Rezept, das seit einem Monat abgelaufen ist, noch ein Verhütungsmittel bekommst.

Der einzige Makel an diesen Apotheken ist der, dass man zwar mit dem Personal in einem fast akzentfreien Italienisch parlieren kann, oft jedoch mit Hirschspeichel behandelt wird, oder in schweren Fällen mit Thymian-Sitzbädern. Italienische Apotheker, die sich in Südtirol niedergelassen haben, glauben häufiger eher an Naturheilkräfte als an Errungenschaften der Schulmedizin. So kann es passieren, dass man in eine Apotheke geht, um eine Schachtel *Tachipirina* zu kaufen, und anstelle des Paracetamols mit einem Lactoferrin-Präparat und einem Kamillenblütentee herauskommt.

Dann gibt es da noch die Apotheken, in denen deutschsprachiges Personal arbeitet, die dieselben Hausmittelchen anbieten, aber nur Deutsch, pardon: Dialekt, sprechen.

Trotz deiner Anstrengungen, den Tiroler Dialekt in jedem Kontext anzuwenden, wirst du in der Apotheke damit keinen Erfolg haben. Du wirst es nicht schaffen, weil es dir schlecht geht und du deinem Unwohlsein detailliert Ausdruck verleihen möchtest. Auf dass dir ein möglichst gezielt wirkendes Gegenmittel verabreicht wird und keine Fußcreme gegen deine Kopfschmerzen.

Wenn du beim Bäcker *Vinschgerlen* bestellst und *Semmilen* in deiner Tüte findest, ist das nicht so schlimm, als wenn es ein Missverständnis in der Apotheke gibt. Aus diesem Grund betrittst du die Apotheke mit einem freundlichen aber bestimmten „*Buongiorno*" auf den Lippen, um die Dinge gleich von Anfang an klarzustellen. Woraufhin der Mann hinter dem Tresen sofort angespannt seinen Unterkiefer vorschiebt.

Du beschreibst deine Unpässlichkeit nicht mit den Dialektvokabeln aus deinem Kurs, weil es dir wirklich schlecht geht. Auch hast du keine Lust, das Unter*leibchen* hochzuziehen, eine

Show abzuziehen, wild zu gestikulieren und Schmerzen pantomimisch darzustellen. In diesem Moment willst du dich auf die einfachste und am wenigsten anstrengende Art und Weise ausdrücken, und das irritiert den Apotheker leider ungemein. Sein erster Gedanke ist, dass er es wohl mit der klassischen italienischen Touristin zu tun hat, die in Südtirol ist und glaubt, noch in Italien zu sein. Und die Tatsache, dass du ohne Rezept nach einer Pille oder einem *Tachipirina millecento* fragst, um vermutlich am nächsten Tag zum Skifahren gehen zu können, bestätigt dieses Vorurteil nur. Er, der Apotheker, kann sich gar nicht vorstellen, dass du jeden Dienstag zu deinem Dialektkurs gehst und sehr wohl den Unterschied zwischen *Gnackweah* und *Bucklweah* kennst, aber einfach nur zu große Schmerzen hast, um ihm dein Leiden mit derartigen Worten zu schildern. Andererseits möchtest du auch vermeiden, alles zu wiederholen, und nach dem zweiten *„Vuole che pavrli in italiano?"* spürst du, wie dein Fieber steigt, ebenso wie der Wunsch zu antworten: *Eh, no, povzelona! Non voglio parlare in italianooo!* Reden wir Deutsch und ich erkläre fertig! Ich zeige Ihnen von mir aus auch, wie es unter meinem *Leibchen* aussieht!

Das möchtest du sagen. Stattdessen begnügst du dich – träge, krank und müde – damit, dein Problem auf Italienisch hervorzunuscheln und erhältst dafür den üblichen Tritt in den Allerwertesten: Er sagt, du sollst im Bett bleiben, warmes Wasser trinken und nicht erwarten, nach einem Tag wieder gesund zu sein. Wenn du Glück hast, verlässt du die Apotheke mit einer Packung Kamillenblütentee.

Der Südtiroler Apotheker hat eine tiefsitzende Abneigung gegen den Verkauf von Paracetamol und Ibuprofen. Es widerspricht seiner Religion. Er befürchtet, unmittelbar für sein Tun bestraft zu werden, wenn er nur versucht, sich den Efferalgan-Schachteln zu nähern.

„Wenn es Ihnen seit gestern schlecht geht, müssen Sie ins Bett und sind in einer Woche wieder gesund", sagt er resolut. „Im Bett bleiben!"

Tatsächlich haut einen eine Grippe, mit der man sich in Südtirol angesteckt hat, so sehr von den Socken, dass wirklich nur hilft, im Bett zu bleiben. Was einen aber so fassungslos macht, ist der unumstößliche Zusammenhang zwischen Krankheit und Bett. Wenn du in Südtirol krank wirst, kannst du außerhalb deines Bettes keine Heilung erfahren. Es ist völlig ausgeschlossen, dass du dich bewegst, liest, lernst, Staub wischst, nein: Du. Musst. Im. Bett. Bleiben. Und sie werden es dermaßen oft und mit derart tiefer Überzeugung wiederholen, dass die Bett-Kur letztendlich auch dich überzeugt.

Du verbringst also die Grippezeit im Bett, wo du dir die Lieder von Max von Milland anhörst, und vom Bett aus unterbrichst du deine Playlist nur für einen Arbeitsanruf. Du sagst einem Kunden, dass du krank bist und den Termin verschieben musst, und er wird erwidern, dass du besser nicht arbeiten, sondern im Bett bleiben solltest.

„Bische kronk, missasch et orbatn, du missasch in Bett bleibn."

„Ma zooono cià a lettooo! Ich bin ja schon im Bett!"

In den Fängen der Verzweiflung schreibst du an eine befreundete Apothekerin und bittest sie, nach Südtirol zu ziehen.

Liebe Aurelia,

hast du jemals ein Hermelin gesehen?

Du, die du um acht aus dem Haus gehst, um dich auf Roms Stadt-Ringautobahn, dem *Raccordo*, in den Stau einzureihen, du, die du seit 15 Jahren deine Arbeit um 20 Uhr verlässt, um einen Autobus zu nehmen, der nicht kommt. Du, die du am Wochenende am Strand von Fregene in der Sonne brätst. Du, die du von den hupenden Autofahrern im Stau unter deinem Schlafzimmerfenster geweckt wirst. Du ewige Parkplatzsuchende, du Burpee-Meisterin im CrossFit-Parcours deines Gyms, du Skiurlauberin im Stau in Corvara beim Warten auf den Zugang zur Sellaronda am Sonntagmorgen. Ja, du! Hast du jemals ein Hermelin gesehen?

Hast du schon mal in den Schnee gepinkelt, Aurelia? Im Sitzen meine ich, nicht stehend am Pistenrand. Im Sitzen, zusammengekauert unter Bäumen, auf einem Teppich aus Tannenzapfen, neben frischen Rehspuren im Schnee, mit kalten Arschbacken und der Aussicht auf verschneite Gipfel.

Du solltest die Freuden einer Radtour in den Dolomiten im Juni ausprobieren. Nein, Aurelia, nicht das Rad, an das du denkst, natürlich auf dem E-Bike. Das unterstützte Treten ist viel demokratischer, wirst schon sehen. Während der Rest der Welt im Büro hockt und auf dem Kalender die Tage zählt bis zum nächsten Urlaub, folgst du einer Forststraße im Tour-Modus, der dir eine kleine Hilfe bietet, damit du dich nicht überanstrengst. Und auf 2.500 Metern angekommen, hältst du an und atmest ganz einfach die Schönheit eines banalen Mittwochs am Gipfel ein.

Du solltest einmal versuchen, im April auf einer Skipiste unterwegs zu sein, gleich am Morgen nach einem kurzen Schneeschauer.

Du könntest auf einer Rundloipe trainieren und dich im Langlauf versuchen, am Abend, mit einer Stirnlampe und in Begleitung von Rehen, die die Strecke queren. An einem Donnerstag könntest du gleich nach der Arbeit die Skier und Skischuhe anziehen und zu einer kurzen Skitour auf den Klausberg aufbrechen, um dort ein Bierchen zu trinken. Dort angekommen, auf dem Gipfel, bringen sie dir zu deinem Bier auch immer ein *Schnapsl.* Hast du jemals versucht, nachts eine Skipiste hinunterzufahren mit nichts als drei Bier und drei Schnäpsen im Körper, minimal aufgesaugt von einem halben Bauerntoast, Aurelia? Du solltest es mal versuchen. Klappt hervorragend.

Du solltest mitkommen zum Klettern an den Felsen der Westwände an den ersten Frühlingsabenden nach der Umstellung auf die Sommerzeit. Ich würde dir die Kletterhallen von Bruneck und Brixen zeigen – und die transitive Dimension des Verbs „klettern".

Ich würde dich für einige Stunden auf eine Bank mit Blick auf den Langkofel setzen, den Rücken an die Holzwand einer noch geschlossenen Hütte gelehnt, eine tiefe Trittspur im Schnee vor dir. Ich würde dir von jenem geschützten Platz aus die wenigen Kletterrouten zeigen, die ich inzwischen geschafft habe und die unendliche Anzahl jener, die ich noch schaffen möchte.

Ich würde dich eines Tages zum Skifahren auf die Piste mitnehmen. Wir würden in den Zug steigen, die Skischuhe bereits an den Füßen, und dann in eine Seilbahn umsteigen, die uns direkt auf den Gipfel des Kronplatzes bringt. Du würdest deinen Augen nicht trauen. Dann würde ich mit dir Skitouren unternehmen, mit dem Versprechen, dass wir dort niemanden treffen, nur wir und die eine oder andere alte Spur, und die einzigen sonstigen Zeichen menschlicher Existenz werden winzige Punkte in weiter Ferne sein, die gerade aufsteigen oder sich zur Abfahrt bereit machen. Ich verspreche dir, dass niemand unsere Spuren kreuzen wird.

Ich würde dich mit auf eine Rundwanderung nehmen, um einen Gipfel zu erreichen, von dem aus wir die Drei Zinnen sehen können. Es wird uns so vorkommen, als könnten wir sie mit einem Finger berühren, und ich verspreche dir, wir wären allein, wir würden uns aufs Gras legen und unter den vorbeiziehenden Wolken einschlafen.

Ich würde dir sogar vorschlagen, an einem Sonntagmorgen zu Hause zu bleiben – ja, an einem Sonntag, und ja, zu Hause.

Beine und Rücken, die noch von der Anstrengung schmerzen, draußen ein grauer, wenig Vertrauen erweckender Himmel, und endlich, ohne Reue, würden wir einen W.a.s.c.h.t.a.g. einlegen.

Das alles und noch viel mehr würde ich dir zeigen, liebe Aurelia, mit dem größten Vergnügen. Als Gegenleistung möchte ich gar nichts, nur ein paar Rezepte und eine Schachtel *Tachipirina mille.*

Deine
Eri

Atemlos durch die Nacht
Helene Fischer

Zin Friseur

In Südtirol funktioniert vieles gut: öffentlicher Personennahverkehr, Bürgerdienste, Amtsgänge, Skilifte, Wasserkraftwerke. Allerdings ist es ein ziemliches Unterfangen, sich in Südtirol die Haare schneiden zu lassen, und viele Menschen verzichten darauf, was einem auffällt, je tiefer man in ein Tal vordringt.

Vergesst den Friseur am Ende der Straße, den an der Ecke, der von Dienstag bis Samstag, von neun bis sieben offen hat. Der für dich von jetzt auf gleich eine Lücke im Terminkalender findet, oder von heute auf morgen, um dir mit einer Handvoll Mikroplastik die Haare zu waschen, mit seinen gelben, vom Tabakrauch imprägnierten Fingern – von den ganzen Zigarettenpausen zwischen einer Dauerwelle und der nächsten. Der dir den neuen Haarfärbetrend Shatush einredet. Vergiss es, *konnsche vergessn, et amol zi denkn.*

Südtiroler Friseursalons haben an ungeraden Tagen bei Vollmond geöffnet, und das natürlich nie durchgehend. Es kann gut sein, dass man den ersten freien Termin in den Kalender für 2035 eintragen lassen und – um ihn nicht zu versäumen – rechtzeitig um Urlaub ansuchen muss.

Schafft man es zum sehnlichst erwarteten Friseurtermin, schaut man inzwischen zum Davonlaufen aus: komplett ungebändigt, irreparabel zerzaust, mit versengten Stellen im Haar wegen des Pellet-Ofens. Dieser besondere Kontext hier im Grenzgebiet hat zur Folge, dass die Südtiroler Friseure und Friseurinnen keinerlei Spezialisierung auf Stufenschnitt, Fransenbob und

Spitzenschneiden haben. Denn sie müssen Unkraut jäten, entwurzeln, bewässern und entwalden. Ihre Arbeit gleicht unter den erwähnten Umständen eher der von Gärtnern, weshalb sie über ein unüberschaubares Arsenal von Shampoos, Cremes, Balsam, Tropfen und Masken verfügen, die imstande sind, Tote wieder aufzuwecken oder Tulpen in der Tundra wachsen zu lassen. Bioprodukte, Extrakte aus Pferdemilch (Mikroplastik und Palmöl dürfen die Grenze zum Heiligen Land Tirol nicht passieren): Produkte, die es vermögen, komplett ausgetrocknete Rhododendronhecken zu zähmen, zu entwirren und zum Strahlen zu bringen. Beim Schnitt darf man sich aber kein leichtes, luftiges Ausfransen erwarten: Südtirol ist ein Land der klaren Linien, es wird wie mit der Heckenschere gestutzt: zagg-zagg. Dieser grobe Schnitt erfolgt ohne Rücksicht und bei vollem Bewusstsein, mit der ehernen Gewissheit, dass es genau das ist, was du brauchst: eine gezähmte Frisur. Die du nach hinten zusammenbinden kannst zu einem tiefen Pferdeschwanz. Denn auf dem Kopf hast du ja den Helm, die Wollmütze oder den Filzhut, das Stirnband, den Zopf, die Balaklava. Und sie, die Friseure, wissen genau, dass es hier nicht um Mode geht, sondern ums nackte Überleben.

So begibst du dich nach Monaten des Wartens in den Salon, mit einer Mähne wie Reinhold Messner, und kommst mit einer geglätteten Haarpracht wieder heraus: gezähmt, hydriert, ausbalanciert. Die Lego-Version von Reinhold Messner.

Heast as net
Hubert von Goisern und die Alpinkatzen

Die Liebe

Wer denkt, dieses Kapitel würde von wogenden Busen und blanken Hintern in luftigen Höhen handeln, von einer Prise gesunder atavistischer Erotik, wer glaubt, das Geheimnis des alpinen Machos würde gelüftet und die komplexeren und lustvolleren Verwendungszwecke von Seil und Klettergurt erklärt, kann diesen Abschnitt überspringen.

Du als *Nuova Montanara* wirst natürlich glauben, verstanden zu haben, was Liebe ist, die Liebe im Hochgebirge. Eine Liebe mit Fichtennadel-Zuckerguss (oder Lärche), mit Taschen voller Kiessteinchen, Zweiglein, Erdbröckchen. Du glaubst, du kannst mit einer anderen Person tagelang im Biwak in einer Felswand ausharren, ohne etwas anderes zu benötigen als eine Tüte Haribo und eine Packung Loacker. Du wirst ganz wuschig, wenn du in der Ferne die feine Duftnote der Achselhöhle dieser einen, alles benebelnden großen Liebe riechst.

Du redest dir ein, die Liebe auf 3.000 Meter Meereshöhe gefunden zu haben. An einem Ort, der unglaublich nah am Himmel ist und von dem aus man am Horizont einen Blick auf Venedig erhascht. Du glaubst an die Kraft einer zarten und gleichzeitig mächtigen Liebe, einer Liebe, die Flügel verleiht. Die Liebe in diesen Höhen ist eins mit der Natur, sie macht, dass man sich gottgleich, schöpferisch, von einer alles formenden Energie beseelt fühlt. Eine Liebe, die sich absolut selbst genügt, da oben auf dem Gipfel.

Du glaubst verstanden zu haben, was Liebe ist. Du verliebst dich in die Kletterei und in die, die sie ausüben.

Wer glaubt, dieses Kapitel enthielte eine metaphysische, halbspirituelle Erklärung des Klettersports mit einigen Verweisen auf die Menschen, die über sich hinauswachsen, diese Naturburschen und -mädels, diese Bergführergötter, nun, der wird enttäuscht sein.

Im Klettersport findet man wenig Metaphysisches, das findet auch deine neue Liebe: „Das ist der Gipfel, und wir gehen heute, *occi*, hinauf."

Das ist sie, die Kletterei: Sie lässt keinen Platz für Überflüssiges. Wenn du zu weit ausholst, bleibst du hängen und fällst, wenn du bereits anfängst, dir den Kopf zu zerbrechen, sobald du dich dem Einstieg zur Kletterroute auch nur näherst: Fahr lieber ans Meer, fahr an den See, mach einen Spaziergang auf dem Radweg.

Dein Rucksack enthält alles, was für das Überleben unentbehrlich ist: Essen und Trinken, einen Regen- und Kälteschutz. Kein elektrisches Zahnbürstchen, keine Fotos deiner Lieben, die Sonnencreme hast du bereits vor dem Einstieg aufgetragen, die Tube lässt du im Auto, die wiegt ja bloß.

Der Rest ist pure Anstrengung, ein Annäherungsversuch, der die Beine steif werden lässt und dir den Atem raubt. Der echte Aufstieg, die Seillängen, das ist pure Verrücktheit, auf glatten Fels gezeichnet. Der Aufstieg an einer Kletterroute besteht aus langen Stunden, in denen nicht nach oben geschaut wird. Du schaust nach unten, um einen Mini-Stützpunkt für deine Füße zu finden, und du findest ihn nur selten. Da verlässt du dich dann, auf was auch immer. Die Hände greifen nach dem Nichts, halten dich aber irgendwie, und so ziehst du dich nach oben, zwischen Schimpftiraden und herrlichen Ausblicken auf die schönsten Berge der Welt, die Dolomiten. Auch die Gedanken klammern sich verzweifelt an das Nichts, denn wenn sie einen sicheren Griff fänden, wärst du die Erste, die überzeugt wäre, es nicht zu schaffen. Du würdest dich fragen: Warum um alles in der Welt machst du das? Aber nein, du denkst nicht nach, du kletterst einfach hinauf, und zwar mit allem, was du hast: Ellenbogen, Kurzatmigkeit, die dich aber nicht vom Fluchen abhält, und ganz viel Willenskraft. Du kommst auf dem Gipfel an, schließt die Augen und fühlst dich wie in Gottes Armen, aber du machst dir keine Gedanken, denn würdest du damit anfangen, würdest du in Tränen ausbrechen und nie mehr hinuntergehen wollen.

Stattdessen isst du ein belegtes Brot und verstehst, dass du verliebt bist in das alles. Ja, sogar in das Salamibrot, Dummerchen.

Eines Tages erkennst du, dass die Liebe in den Bergen das ist, was dem Tod am nächsten kommt.

Eines Tages verlierst du in den Bergen einen Freund.

Du verstehst, dass Liebe bedeutet, vor Morgengrauen mit geschulterten Skiern hinauszugehen, um auf den Löffler zu gehen, 2.000 Höhenmeter hinauf, um dann wieder mit den Tourenskiern herunterzufahren und pünktlich zur Mittagsschicht wieder bei der Arbeit zu sitzen. Liebe bedeutet, die Moulin Rouge der Rotwand frei zu klettern. Liebe bedeutet zu akzeptieren, dass jemand, der dir am Herzen liegt, all dies tut, und dabei über die Grenzen seiner Fantasie hinauswächst, über die Grenzen dessen, was einem normalen Menschen guttut.

Die Liebe in luftigen Höhen ist dieses Lächeln, das du nie mehr vergessen wirst. Das Lächeln eines Menschen, der das Leben so sehr liebt, dass er jeden Tag auf den Gipfel will. Bereit, alles zu verlieren, nur um jeden Tag erneut zu versuchen, über die Realität hinauszugehen, über die normale Vorstellungskraft, ja über den Traum. Es ist keine körperliche Anziehung, keine Affinität der Lebensentscheidungen, kein Körperkontakt: Es ist das Miteinander-Teilen der Grenze und ihrer Überschreitung, das Gefühl, das dem Ende am nächsten kommt, das volle Bewusstsein, dass sich ein Leben ohne dieses Streben nicht lohnt. Auch dies ist ein Sport.

Bitte versprich mir, dass du diesseits der unsichtbaren Wand bleiben wirst. Wo das Klettersteigset dich an die Seile deiner wenigen Gewissheiten bindet. Wo du dich anseilst an die Zuneigung deiner Liebsten. Wo das Doppelseil deines sicheren Lebens dich mit Machard-Knoten beim Abseilen gut schützt. Versprich mir auch, dass du weitergehen wirst, selbst wenn du in deinem Rucksack die Leere mittragen musst, die der verlorene Freund hinterlassen hat. Und dass du es bis ganz ans Ende der Strecke schaffen wirst, zumindest du. Durch Höhen und Tiefen, flankiert von kurzen Glücksmomenten, kalkulierten Risiken und Gefühlen in Klettergriffweite.

Liebe wird für dich bedeuten zu akzeptieren, dass der Mensch an deiner Seite das Leben so sehr verehrt und auskosten will, dass er Gefahr läuft, sich dabei selbst zu zerfleischen. Liebe wird bedeuten, diesem Menschen zur Seite zu stehen, auf seine Rückkehr zu warten, seine Bemühungen zu feiern und ihm zu vertrauen – seiner Sichtweise, seinem Lächeln, seiner Kraft und seinem Schutzengel. Versprich, dass du dieses grenzenlose Gefühl bewahrst, auch wenn dieser Mensch nie mehr zurückkehrt. Versprich es!

Baila
Zucchero

Lanord

Du beschließt, Südtirol nicht zu verlassen, bevor du die Nordwand geklettert bist. Also: nicht bevor du die Nordwand der Großen Zinne bezwungen hast.

Du wirst die Nordwand meistern. Sie ist dein Ziel. Dein Projekt.

Du denkst, dass Südtirol und die Kletterei dir genau das beigebracht haben: „Projekte" zu haben. Ein Ziel anzupeilen und geradewegs darauf zuzusteuern, dich vorzubereiten, zu trainieren, es zu versuchen, hinzufallen, zu scheitern, es nochmals zu probieren, wieder hinzufallen, davon zu träumen, es zu studieren, es zu vertiefen, noch mal zu fallen und schließlich anzukommen, am Ziel. Es ist so: In dem Moment, in dem du mit kaum verborgenem Stolz in der Stimme laut sagst, dass du die Große Zinne geklettert bist, werden sie erwidern: „Ah, *Lanord?*"

Lanord, werden sie auf Italienisch sagen, so als wäre es ein einziges Wort: *Dienordwand*.

In dem Moment, in dem du erfährst, dass an der Nordwand der Großen Zinne geklettert wird, legst du dir dein größtes Projekt zurecht, das Projekt aller Projekte. Das Projekt, das der letzte *Stich* ist, der das Kartenspiel, das *Watterle*, mit der Autonomen Provinz Bozen beendet, sodass du beruhigt nach Hause fahren kannst.

Du trainierst lange für *Lanord*. Denn auch wenn dich natürlich ein Bergführer begleitet, willst du vermeiden, dich von diesem sieben Stunden lang hinaufziehen zu lassen, vom Einstieg bis zum Gipfel. Du legst Wert darauf, sie selbst zu erklettern, *Lanord*, mit allen Mitteln, die dir dein Körper zur Verfügung stellt.

Nach zwölf Monaten Seillängen um Seillängen hast du ein Paar Kletterschuhe genau richtig ausgelatscht und weichgetreten. Du wirst nie wieder Äpfel mitnehmen (das Gewicht!), hast das eine oder andere weiße Haar, Schwielen an den Händen, aber ein paar Kilo weniger auf den Hüften, einen guten Rucksack, flinke Füße, die Finger an kleinste Griffe gewöhnt, und vor allem hast du gelernt, der Erschöpfung nicht nachzugeben. Du fühlst dich bereit, sieben Stunden in der Wand zu verbringen, bereit für die Comici-Route der Nordwand.

Du und der Bergführer – ihr verbringt die Nacht im Laderaum eines Caddys, in die Schlafsäcke eingerollt, die Spitze eines Trekkingstocks im Steißbein, den Kopf tal- und die Füße aufwärts, im erfolglosen Versuch, etwas Schlaf zu finden auf diesem Parkplatz, der überfüllt ist mit koreanischen Hobbyfotografen, die ausgerüstet sind wie für eine Safari und als wären sie auf der Suche nach der Aurora borealis.

Um 4 Uhr morgens öffnest du also nach einer schlaflosen Nacht die Augen und setzt dich auf, nicht ohne mit dem Kopf an das Caddy-Dach zu stoßen. Dein Gesicht ist aufgedunsen, deine Augenlider hängen auf Halbmast, und deine Wange ziert das filigrane Muster der Rückbank-Kopfstütze. Du weißt weder wer noch wo du bist. Der Ausblick auf die sich langsam in Bewegung setzende Welt außerhalb des Autos hilft dir, etwas zu Bewusstsein zu kommen. Denn mit bloßer Willenskraft öffnet der Bergführer die Tür des Kofferraums, und deine Augen nehmen unscharf ein hektisches Gewimmel wahr. Die winzigen koreanischen Fotografen im Tarnanzug sind damit beschäftigt, Stative zu montieren und Drohnen starten zu lassen. Sie versuchen, asiatische Pärchen in der richtigen Position zu arrangieren: erschöpfte und fast erfrorene junge Menschen, die aber bereit sind, stundenlang in riskanter Position auf der Spitze eines Felsens auszuharren, um *das* Erinnerungsfoto ihres vorehelichen Shootings zu erzielen. Sie erscheinen dir mikroskopisch klein – so ungefähr Maßstab 1:25.000, wie auf einer Tabacco-Karte – und das liegt allein am frühmorgendlichen Anblick der Drei Zinnen: riesige, noch blau-schattige Gestalten als Hintergrund eines Ameisenhaufens.

Während du dir inmitten des koreanischen Stativmeeres die Zähne putzt, hantiert der Bergführer mit einem Mini-Gasherd – und der scheint nicht nur wegen der Drei Zinnen klein zu sein, sondern ist wirklich winzig – und einer Mokka-Kaffeemaschine für eineinhalb Personen, bevor ihm auffällt, dass er ein ebenso winziges Detail vergessen hat mitzunehmen: den Kaffee.

Du nimmst also einen Schluck Wasser aus der Trinkflasche, beißt in einen Energieriegel und erledigst eine Serie kleinerer Handgriffe in lockerer Reihenfolge, ungelenke, wirre und zufällige Bewegungen, wie es für die frühe Uhrzeit angemessen ist.

Der Riegel hat die nahrhafteste und funktionellste Rezeptur, die du in deinen zwölf Monaten in Südtirol entdeckt hast: ein Konzentrat aus Getreide, Hirsekörnern, Rosinen, Mandeln und Honig. Nach dem Kauen bleiben unweigerlich mehrere Stückchen davon auf den Backenzähnen kleben und verhindern die nächsten paar Stunden das vollständige Schließen des Mundes. Dafür garantieren sie dir die ständige Versorgung mit Energie. Denn ein Teil des Riegels wird zum Frühstück verzehrt, der andere bleibt als eiserne Reserve im Mund.

Du wirst dem Bergführer nicht vorhalten, dass du ihm einen Batzen Geld zahlst, nur damit er dann den Kaffee vergisst. Du hievst deinen Rucksack auf den Rücken, machst mit einem Fingerschnipsen die Stirnlampe an, leuchtest im Vorbeigehen die geschäftigen koreanischen Fotografen an und grüßt in ihrer Sprache – oder zumindest in dem, was du dafür hältst: „Arigato!“

Ihr brecht auf, du und der Bergführer, um 4.09 Uhr an einem Mittwoch im Juli, zur Besteigung der *Lanord*.

Du folgst deinem Bergführer auf dem Zustiegsweg zur Nordwand, in absolutes Schweigen und das aufmerksame Horchen auf deinen Atem vertieft: alles regelmäßig. Das ist natürlich kein Wunder, nach all dem Training, den unzähligen Höhenmetern mit den Tourenskiern, dem vielen Langlaufen.

„Schneller", sagst du zum Bergführer, „du kannst ruhig schneller gehen."

„Nein", wird er trocken antworten. „Geh langsam und spar dir deine Energie."

Und so näherst du dich der *Lanord* nach einem Jahr Cardio- und Performancetraining im Schneckentempo und wirst schon bald von einem Heer lustig herumhüpfender Koreaner im Laufschritt überholt.

Enttäuscht und bereits ein wenig gedemütigt erreichst du den Fuß der Wand, und mit dem Blick nach oben kommen die Zweifel: Zweifel, es zu schaffen. Die schiere Größe lähmt dich.

Der Bergführer reißt dich mit einem kameradschaftlichen Schulterklopfen aus deinen Gedanken, die um Rückzug kreisen.

„Bewegung! Es kommt eine weitere Seilschaft."

So ist das Leben rund um die Drei Zinnen: Man ist nie allein, man ist immer in einer Schlange, ob im Juli oder im Januar, ob montags oder samstags, ob bei Schnee oder Sonnenschein, es geht zu wie an der U-Bahn-Haltestelle Chaoyang in Peking zur Stoßzeit. Und wenn eine Seilschaft vor dir einsteigt, ist es das gewesen. Dann bildest du die ganze Strecke über das Schlusslicht wie irgendeine dahergelaufene Pekingerin, und die Wahrscheinlichkeit, dass es dazu kommt, ist ziemlich hoch. Du und der Bergführer, ihr steigt also vor den anderen ein. Auch darauf hast du dich zwölf Monate lang vorbereitet: Du schaffst es, im Halbdunkel in deinen Klettergurt zu schlüpfen, der Achterknoten zur Befestigung des Seils am Gurt gelingt dir beim ersten Versuch, und den Helm hast du zwecks Zeitoptimierung seit dem Vortag auf dem Kopf. Ihr seid bereit für den Start in Richtung eures Super-Projekts. Ein tiefer Blick in die Augen, ein Fist Bump, und los geht's!

„Berg Heil und viel Spaß“, sagt der Bergführer, bevor er sich umdreht und weit nach oben greift, um in die Wand in Richtung erstem Haken einzusteigen.

Und du bleibst unten, um ihn zu sichern, mit einer Seilschaft dicht auf den Fersen und dem unbändigen Bedürfnis, aufs Klo zu gehen. Es ist immer so: In einem Jahr in Südtirol hast du noch immer nicht gelernt, wie du mit dem Problem des plötzlichen Harndrangs umgehen sollst. Und so plagt er dich im wichtigsten Augenblick deines Lebens in der Autonomen Provinz Bozen, im Morgengrauen des Tages der Abrechnung, der Harndrang.

Das ist das wahre, große Dilemma des Bergsteigens: der Umgang mit der biologischen Uhr. Ungefähr zehn Jahre in Südtirol sind erforderlich, um diese Nonchalance zu erwerben, mit der ein Bergführer tagelang nicht aufs Klo geht, ohne auch nur im Geringsten gebläht zu sein, ohne die Spur eines Bauchkrampfes, ohne ein klitzekleines bisschen schlechter Laune. Die Fähigkeit, nur bei sich zu Hause aufs Klo zu gehen, die Gabe des Müssens auf Kommando, das sich erst einstellt, nachdem man einen *Cappuccino al banco*, am Tresen, getrunken hat, und das ausschließlich in Bars mit pseudo-antikem Holzmobiliar oder Gasthäusern, die bereits um 7 Uhr morgens an einem Sonntag im August das Mittagsmenü auf der Tafel vor dem Eingang stehen haben – Pressknödel, Gulaschsuppe, Griechischer Salat und Spaghetti *K*arbonara. Du hast dieses Talent nach einem Jahr in Südtirol noch immer nicht erworben, kein bisschen, und die Tatsache, dass du es nicht geschafft hast, dein Geschäft vor

Beginn der Klettertour zu verrichten, ist Quell deiner schlechten Laune, deines Gefühls der Unzulänglichkeit, deiner Misanthropie und Frustration, all dieser Emotionen, die dich mit mathematischer Präzision beim Zustieg in die *Lanord* befallen.

„Kimm la! Vieniii!"

Die Stimme deines Bergführers dringt von einem unbestimmten Punkt oben links zu dir durch. Verärgert über die Welt und die biologische Uhr beginnst du zu klettern. In diesem Moment wirst du von Gedanken überwältigt, die von ganz anderem Kaliber sind als die des Harndrangs: der Angst zu fallen, der Angst zu sterben. Das Seil von oben, der feste Griff eines Bergführers mit Muskeln, die aus Dolomit gemeißelt zu sein scheinen, der Anblick eines Felssporns, auf den du die Füße stellen kannst, um dich sicher zu fühlen, das alles reicht nicht aus, um dir die Angst zu nehmen. Griff um Griff, Schritt für Schritt, Knie um Knie (tja, ein Jahr in Südtirol und du kletterst immer noch auf den Knien) denkst du daran, wie bescheuert der Mensch doch ist, weil er sich Ziele setzt, die so viel größer sind als er selbst, immer danach trachtend, das Unmögliche zu erobern, die Natur zu bezwingen. Du denkst daran, wie dumm es wäre, so zu sterben, im Morgengrauen eines Sommertages, in einer Wand am schönsten Ort der Welt, vor den Objektiven Dutzender koreanischer Fotografen. Du denkst an den Bergführer, der die 112 wählt, und an den Helikopter, der 45 Minuten, nachdem du in Ohnmacht gefallen bist, einfliegt. Du denkst an jenen Mann mit den langen, dunklen, im Wind wehenden Haaren, den weißen Zähnen, dem breitem Lächeln, den sonnengeküssten Wangen: Es ist der Hebewindenführer des Hubschraubers.

So erkletterst du die *Lanord*, gegen jeden Hausverstand und jede Vernunft. Du stellst dich gegen jeden einzelnen deiner animalischen Instinkte: Durst, Hunger, Harndrang, Überleben.

Nur den Hunger hast du einigermaßen im Griff, indem du dir die akkurat auf die Backenzähne geklebten Riegelreste nach und nach einverleibst. Der Durst begleitet dich, bis du komplett dehydriert vor Beginn der zwölften Seillänge den Mut (und den Atem) zusammenkratzt, um den Bergführer zu fragen: „Darf ich trinken?"

„Klar", sagt der. „Auch essen!"

Er ignoriert die Tatsache, dass du nie aufgehört hast zu essen. Und so nutzt du die Situation aus, streifst den Rucksack ab, ziehst die Trinkflasche heraus, hältst sie mit beiden Händen fest und trinkst, soviel du kannst. Und weil du gerade dabei bist, gönnst du dir auch ein halbes belegtes Brot: Speck, Käse und die unvermeidliche Essiggurke.

Mit zunehmender Höhe wird der Rucksack leichter, die Trinkflasche halbleer. Zwischen einer Pause und der nächsten isst du dein Brötchen und das deines Bergführers auf, verstaust Papierhülle und Serviette wieder im Rucksack und lässt endlich die Gedanken fallen, die negativen, die, die dich nach unten ziehen. Schön langsam, mit zunehmender Höhe, wird dir immer freier ums Herz und du kletterst immer leichter, dein Schnaufen ist harmonisch mit den Griffen im Fels synchronisiert, deine Fingernägel sind in den Dolomit gekrallt. Du bist müde, kletterst aber weiter mit einer Reihe plumper Bewegungen, die du in einem Jahr Training in Südtirol perfektioniert hast.

Erschöpft und mittlerweile schon halluzinierend, fühlst du dich wie ein Murmeltier, wie eine Gämse, wie ein Comici. Den Blick nach oben gerichtet und noch weiter hinauf, bis zum Himmel, siehst du deinen Bergführer, wie er dir ermutigend zuruft: *„Alé, kim!"* – selbst er im *Puschtra* Dialekt.

Wenn die Sonne am Mittagshimmel steht und die Schlange der Autos, die sich vor der Schranke am Eingang des Naturparks der Drei Zinnen staut, bis hinter den Misurinasee zurückreicht, erreichst du den Gipfel. Du streckst die Arme nach dem nächstbesten Griff aus, ziehst ein Knie nach oben, dann das andere. Noch auf allen vieren auf dem höchsten Punkt der Nordwand der Großen Zinne hörst du die Stimme deines Bergführers, der bereits zu einer Umarmung ansetzt: „Berg Heil!“

Du aber bleibst auf deinen Knien, den Blick auf die letzten Reihen Asiaten gerichtet, die auf dem Weg rund um die Drei Zinnen unterwegs sind, auf die Autoschlangen, den Misurinasee und den Auronzosee, auf die Bergspitzen der Marmarole und des Cridola, hinunter auf die Weinhügel von Valdobbiadene und bis nach Venedig, auf den Markusplatz und einen *Gondoliere*, der auf Kundschaft wartet: *„Giro in gondolaaaa!“*

Am Gipfel der Welt, auf 2.999 Meter Meereshöhe, Welthöhe, am Punkt, der dein Jahr in Südtirol krönt, spürst du die Glückseligkeit, die so nahe liegt: ein Schluck Wasser und ein halbes Brötchen. Mit Salami!

Aber du hast alles verputzt, *maliaba*, meine Liebe, du hast den letzten Tropfen ausgetrunken und auch an der Geduld deiner Begleitung genagt. Ein Quadratlein Ritter Sport hast du dir allerdings verdient, während dir eine Träne über das Gesicht läuft. Ein unbändiger neuer Wunsch nimmt in deinem Gehirn Form an: ein neues Projekt, der Beweis für die Tatsache, dass man im Leben einfach nie nur glücklich sein kann, dass der Mensch ohne ein Ziel gar nicht existieren kann. Auf dem Höhepunkt deiner Existenz schöpfst du neue Schaffenskraft, einen neuen Lebenssinn: Du sehnst dich mit ganzem Herzen nach einer Radrunde am Gardasee, mit elektrischer Tretunterstützung, versteht sich.

Dein Blick schweift zum Bergführer, der gerade dazu ansetzt, ein Foto mit abgeschnittenen Füßen vom schönsten Moment deines Lebens zu machen.

Die Wahrheit ist die, dass du nie auf die Nordwand der Großen Zinne klettern wirst. Du wirst das beißende Kältegefühl nie spüren, das dir die Finger beim Zustieg zur *Lanord* lähmt. Noch bevor es zu spät dafür ist, dämmert es dir, dass man im Leben nicht alles haben kann, dass Grenzen nicht existieren, wenn du nicht den Mut hast, sie dir zu setzen, dass das Leben wichtiger ist als eine momentane Leidenschaft, dass der Berg Risiken birgt, und dass du dich dazu entscheidest, diese nicht einzugehen. Du kletterst weiterhin im Nachstieg, folgst Normalrouten, lässt dich vom Bergführer deines Vertrauens hochhieven, startest nach 7 Uhr morgens, nachdem du in einer neuen Bar mit Pseudo-Antikholztäfelung aufs Klo gegangen bist und das Tagesmenü inspiziert hast.

Frieden mit deiner biologischen Uhr geschlossen zu haben, wird dir als deine größte Errungenschaft erscheinen, und dein neues großes Projekt wird das schwerste deines Lebens: *bleibn.*

Bleiben. Ohne den Drang, etwas erobern zu wollen. Bleiben. Mit der *Lanord* am Horizont, aber ohne den Drang, sie bezwingen zu müssen.

Irgendwann bleib i dann dort
S.T.S.

Bleibn

Ein Jahr. Die psychologische Hürde von zwölf Monaten ist der perfekte Moment, Südtirol hinter sich zu lassen.

Ein Jahr Südtirol. Das zeugt von Ausdauer und einigermaßen ausgeprägter Anpassungsfähigkeit. Ein Jahr stellt keine persönliche Niederlage dar und bedeutet fünf Kilo Hüftspeck weniger. Der Grundwortschatz an Grußformeln ist gelegt, der Unterschied zwischen Skitouren und Skifahren, diesen zwei Sportarten, nein, zwei völlig unterschiedlichen Welten, verinnerlicht. Unmengen von Knödeln in allen erdenklichen Zubereitungsformen wurden vertilgt, von Schutzhütten diktierte Höhengrenzen wurden überschritten, zahlreiche Gipfel wurden gestürmt. Nachdem du ein E-Bike ausprobiert und im Turbo-Modus praktisch eine Mondlandung riskiert hast, kannst du deinen Rucksack getrost mit einer Jeans, zwei T-Shirts und einem Paar Flip-Flops füllen und in den ersten Schnellzug nach Sibari steigen, ein leichtherziges *Aufwiederschaun* auf den Lippen.

Jawohl, in den Zug.

Ein Jahr Südtirol hat nicht nur deinen Körper in Form gebracht, sondern auch deinen Sinn fürs Gemeinwohl geschärft, deine Wahrnehmung von Entfernungen, dein Gefühl für klimatische Veränderungen. Neben der Tatsache, dass du eine Tabacco-Wanderkarte blind und einhändig zusammenfalten kannst, gibt es nach zwölf Monaten in der Provinz doch einiges mehr, das dich in deinem Entschluss bremst, sie zu verlassen: einige Freunde, die dir ganz unauffällig und leise dabei geholfen haben, bei deinem Aufstieg immer schwierigere Routen zu meistern.

Der Ablauf dieses Jahres fällt mit den ersten Einladungen zu *hiesigen* Veranstaltungen zusammen. Zum ersten Mal bist du dabei, wenn es aus der Gerüchteküche heißt, der neue Umfahrungstunnel sei endlich fertig und der Bürgermeister habe beschlossen, die Einweihungsparty – genau! – im Tunnel zu feiern. Nach zwölf Monaten beginnt ein neuer Jahreszeitenzyklus, und diesmal wärst du besser vorbereitet, um dich hineinzustürzen: ausgerüstet mit Pisten- und Langlaufskiern, der leichten Windjacke für den Aufstieg und der dicken für den Abstieg, den gefütterten Hosen und den langen Unterhosen, den Harscheisen – kein Schimpfwort, sondern Steigeisen für Skier auf zugefrorenen Hängen –, dem Rucksack, der sich auch auf der Vorderseite öffnen lässt, der Schaufel, der Sonde und dem LVS-Gerät, den Langarm- und Kurzarmshirts, den Trekking- und Zustiegsschuhen, dem langen und kurzen Seil, den Expressen, den *Kletterpatschlan* und den bequemeren Klettersteigschuhen.

Eines der größten Hindernisse beim Verlassen Südtirols ist wohl die Garderobe und die Gewissheit, all die hochtechnologischen Funktionskleidungsstücke nie mehr verwenden zu können – außer in der Schweiz oder in Österreich. Doch allein schon der Gedanke daran, einen weiteren Dialekt lernen zu müssen, wird dir das Bleiben schmackhaft machen, und du freundest dich mit dem Gedanken an, eine weitere Runde zu drehen, die nicht enden wollenden Tage auszukosten, abendliche Kletterrouten in Angriff zu nehmen, Bergtouren mit ebendort gemachten Zufallsbekanntschaften zu unternehmen. Es locken neue Gipfel, härtere Routen, ein zweiter Dialekt-Sprachkurs zur Vertiefung des *Konjunktiv Zwoa*.

Und du bleibst. Weil Südtirol ein Ort ist, an dem es drei geologische Zeitalter dauert, um ein Netzwerk an Bekanntschaften,

Beziehungen und Freundschaften aufzubauen. Weil du verstanden hast, dass ein einziges Leben oft nicht ausreicht, um eine 7A-Route zu meistern, weil es noch viele Gipfel gibt, die du noch nicht bezwungen hast, und weil du diesen einen Klettersteig noch mal begehen willst, eines Nachmittags nach der Arbeit. Weil du einmal abends auf den Klausberg hinaufstapfen willst, um mit den Skiern auf der frisch präparierten Piste herunterzuwedeln, weil du Silvester in jener Hütte noch nicht gefeiert hast, weil du dieselben Unbekannten wie im Jahr zuvor noch mal treffen möchtest, um mit ihnen in Skischuhen zu Aprés-Ski-Beats zu tanzen.

Du bleibst, weil du alles noch mal machen würdest, was du bisher gemacht hast, und noch vieles mehr. Weil du weißt, dass die Dolomiten unter unserem Gewicht zusammenzubrechen drohen, während Rom, nun ja, *ewig* bleibt.

Der Moment, in dem du beschließt, in Südtirol zu bleiben, ist kein Freitagabend nach einer schönen Klettertour bei Sonnenuntergang auf den Mëisules-Spitzen.

Du fasst den Entschluss auch nicht an einem Samstag, nach einer Skitour von 2.000 Meter Höhenunterschied unter einem strahlend blauen Himmel und einer Abfahrt wie auf Sternenstaub.

Und nein, auch nicht an einem Sonntag, nach Erreichen luftiger Höhen im Sattel deines E-Bikes, einem Aufstieg zu Fuß und einer Klettertour bis zum höchsten Punkt einer Route, die nur wenigen Auserwählten bekannt ist.

Es wird nicht Ostern oder Weihnachten sein, wenn du beschließt, dass es sich lohnt zu bleiben, dass dieser Ort dich überzeugt hat. Auch nicht Pfingsten, dieser hochheilige Feiertag, an dem der ganze Rest Italiens bei der Arbeit ist und du beim Skifahren.

Es wird nicht jener Augenblick sein, in dem du einen Sprung in der Wand wagst, nicht beim Erklettern einer 6a, nicht beim

Abschluss einer Route im fünften Grad, beim Abseilen. Es wird nicht auf 3.000 und auch nicht auf 4.000 Metern sein, dass du beschließt zu bleiben.

Sondern es wird der Augenblick sein, in dem du erkennst, dass du all dies in Reichweite hast, nur die Hand danach auszustrecken brauchst – und die Möglichkeit hast, es auch mal nicht zu tun.

Tatsächlich beschließt du an einem banalen Montag, in Südtirol zu bleiben. Am wirklich allerletzten Tag der Woche, von dem man sich gute Neuigkeiten erhofft oder gar wichtige Entscheidungen und epochale Wendungen.

Es wird also einen Montag in deinem Leben geben, der dich überrascht. Du fängst keine Diät an, du schreibst dich nicht ins Fitnessstudio ein, du wäschst auch nicht dein Auto, du machst das Einzige, das dir dieselben Ergebnisse liefert wie alle eben erwähnten Aktionen zusammen: Du bleibst in Südtirol. Weit weg von *Panzerotti* und *Carbonara*, tief verwurzelt in einem Fitnessstudio namens Natur, ständigen saisonalen Wetterereignissen ausgesetzt, die deinem Auto eine konstante Reinigung der Karosserie garantieren. Es wird der Moment sein, in dem du gelernt hast, Bekanntschaften zu akzeptieren, die ganz nonchalant die Farbe (Aprikosen-)Gelb tragen, in dem du bereit bist, auch mal mittags eine Pizza zu essen, ohne unterstreichen zu müssen, dass das in Italien …

Es wird der Moment sein, in dem du dich im Januar auf dein Rad schwingst, bei einer gefühlten Temperatur von minus 5 Grad, in der Gewissheit, dass mit dem Rad zur Arbeit fahren zu können ein wahrer Luxus ist.

Es wird ein Montagnachmittag sein, an dem du nach Hause radelst und die Felder bereits nach der frisch gedüngten Erde riechen, ein Duft, der dir im Frühling bis in die Haarspitzen dringt, in der Handtasche ein gerade erstandenes Waschmaschinen-Reinigungsmittel einer österreichischen Marke und im Herzen die Hoffnung, dass es auch funktioniert. Ein *Hellis* und zwei Gurken, die im Kühlschrank auf dich warten.

Du beschließt nicht deshalb zu bleiben, weil du denkst, dich verwirklicht zu haben, den Gipfel erreicht zu haben.

Auch wenn du stolz darauf bist, das Wort „Gewürztraminer" aussprechen zu können, ist es doch so, dass du „Landwirtschaftliche Hauptgenossenschaft" noch nicht fehlerfrei sagen kannst. Du hast noch keinen Viertausender in Angriff genommen und weißt auch noch gar nichts von der Verwendung des Ausdrucks *ingaling*. Du hast das *Watten* noch nicht erlernt, das Eislaufen noch nicht versucht, die *Marillenknödel* noch nicht probiert, und die „Freiwilligen" und die Musikkapelle haben dich noch nicht mal von Weitem gesehen. Dein Akzent ist noch immer eigenwillig, ganz so wie dein Langlaufstil. Deine Fortschritte beim Klettern sind kaum nennenswert, und die Abfahrt in Rückenlage beim Skitourengehen ist noch immer eine Überlebensstrategie.

Du beschließt zu bleiben, weil du ahnst, dass dieses Glücksgefühl nicht mit ein paar Fotos auf Instagram oder einem Kurzvideo auf TikTok zu erlangen ist. Man benötigt ganze Zeitalter, und Südtirol ist ein Ort, wo Zeit und Raum zum Wachsen jenen vorbehalten sind, die an den Wert der Zeit glauben, die keine Kompromisse mit der Geschichte geschlossen haben, die auch ganz gut allein klarkommen.

Ein Ort, wo sich Italien nicht wie Italien anfühlt, mit Italienern, die anderen Italienern nicht trauen, mit einer Kultur, die so weit von der mediterranen Lebensweise entfernt ist, wie es nur möglich ist, mit einer Geschichte, die in Büchern gedruckt ist, und einer anderen, die unter der Haut lebt, die an den Mauern hängt, eingezwängt zwischen einem Ortsnamen und seiner unbeholfenen Übersetzung. Ein Ort, an dem man um 12 Uhr zu Mittag isst und um 18 Uhr zu Abend, und das ohne den Hauch eines Schuldgefühls. Ein Ort, an dem Butter so verschwenderisch verwendet wird, als hätte man sie *zum Fockn fiatton*, zum Schweinefüttern, Olivenöl dagegen ausschließlich als Salatdressing dient. Das Gewissen? Strahlend rein. Den Kommentar zur Fußball-WM hört man auf Deutsch, und wenn man betrunken ist, singt man Gino Paoli: „*Na-na-na-na saleee, na-na-na-na mareee.*"

Um zu bleiben, brauchst du ein gutes Alibi. Einen guten Grund, um hin und wieder die Einladung zu dem ausschlagen zu können, was die Südtiroler *a kloane Runde* nennen, und was dir wie eine olympische Spitzenleistung erscheint. Um nicht zu fanatisch zu werden, um dir absurde Unterfangen außerhalb deiner Kompetenz aus dem Kopf zu schlagen, wie etwa die Sellaronda auf Tourenskiern, schreibst du dich lieber in einen Masterstudiengang in Astrophysik oder einen Kurs für Molekularküche ein, du ziehst in Erwägung, Schiller zu lesen, nur wegen des schieren Umfangs seiner Werke, der dir unzählige Wochenenden auf der Couch garantieren könnte.

Um zu bleiben, brauchst du eine Kur, die unabhängig von Ärzten und Apothekern ist, und sie nennt sich: *Staubsauga*. Denn in deinen finstersten Stunden saugst du die Wohnung durch, verlässt dich auf dieses industrielle Ungetüm, das dir bis nach Südtirol gefolgt ist.

Wichtig ist, dass es sich um einen Staubsauger in Industriegröße handelt, denn kein handelsüblicher Staubsauger, kein Haushaltsstaubsauger würde all das Gewicht aushalten, und ein Dyson wäre sowieso viel zu raffiniert, um gewisse Wörter aufzusaugen.

Du steckst den Stecker in die Steckdose, drückst auf den Einschaltknopf und saugst, du saugst einfach alles auf, was dir unterkommt, saugst Staub, Haare, Tannennadeln, Spinnweben, trockenes Laub, Roggenbrotkrümel, den Frust, die Einsamkeit, du saugst alle Wörter auf, die du nicht verstehst, geschweige denn korrekt anwenden kannst: *ingaling*, *dechto* und *manondo*, das Buchstabieren, das du nicht beherrschst, mit „weichem B wie Berta" und „hartem P wie Paul". Du saugst das Fehlen von *Carbonara* und einem strukturierten Haarschnitt ebenso auf wie deine Unfähigkeit, banale Klettergrade abzuschließen. Auch noch die letzten Magnesiumspuren auf dem Diwan saugst du auf. Der Staubsauger ist dein Allheilmittel, da staunt der Apotheker, und wenn du ihn ausschaltest und den Stecker ziehst, kommt dir vor, du könntest es schaffen. Um dich herum ist nur noch wenig übrig von allem, was dich bisher in Angst und Schrecken versetzt hat.

Der Staubsauger wird der Einzige sein, der wirklich imstande ist, deine dunklen Momente in Südtirol zu schlucken, die ganzen Einladungen und Klageschriften, die du verfasst und nie abgeschickt hast. Klar, früher oder später musst du dir ein Herz fassen und den Beutel ausleeren, und es käme wohl ein Buch heraus. Es wäre ein schmales Bändchen mit zynischen und kritischen Untertönen, ein Mix aus Ambitionen und verfehlten Klettergriffen, ein oberflächliches Handbuch zum Überleben während eines Jahres in Südtirol. Zwischen Gipfelglück auf 3.000 und Schreckmomenten auf 800 Metern, zwischen widersprüchlichen Gefühlen und starken Gerüchen. Und im Hintergrund spielt die Blaskapelle.

Zwei Jahre in Südtirol

Guten Tag,

ich wollte frogen, ob in euren Hütte gibt es Plotz für zwei Personen von 18 bis 20 Juni. 2 Nachte mit Früschtukken. Für anderen Daten auch sind mir flexible, eh.

Mit freundlichen Grüßen
Erika

Buonasera,

grazie per la richiesto, quel giorno e quel giorno dopo siamo cià pieno. Al 22 Giuglio o anche primo sarrà posto e dal 25 in poi sarrà anche per due personi libero.

Tanti saluti
Michl

Dank

Mein Dank geht an Toni, der mich eines Tages gefragt hat, ob ich klettern möchte. An Sandrine für all die *Ja*s. An Katha für die Silvesterfeiern und Reisen in den Süden, an Caroline für das Skifahren auf der Piste. An David für all die Nordwände. An Eli, die mir das Wort „Staubsauger" zu einer unpassenden Zeit beigebracht hat. An Chiara Morini für die Wollsocken, ohne die ich ein Jahr in Südtirol nicht überstanden hätte. An Francesca Giopp für das Finale im Pfossental. An Valeria Bindi, die eine Geschichte im Pustertaler Dialekt mit allen Kommas zwischen Subjekt und Verb gelesen, verstanden und ihr grammatikalische Würde verliehen hat. An die Familie Leiter für die sprachliche und soziale Unterstützung. An meine Familie, Sponsor dieses Abenteuers: diejenigen, die mir das Skifahren beigebracht haben, die mich in den Markt der Brennstoffe eingeführt haben. Ich danke den Freunden aus Cadore und jenen aus Rom, die Entfernungen, neue Leidenschaften, Arbeit, Perspektiven. Stiländerungen und vor allem: neue Akzente überwinden und akzeptieren. Mein Dank geht an Christian, Alfred und Andre für die Playlist. An Martin, Christian, Nobi, Hannah, Karin, Irmi, Robi und Mirko. Ich danke dem gesamten Kletterzentrum Heliks in Bruneck. Ohne euer *Hoi* hätte ich es nicht geschafft, mich *dahoam* zu fühlen.

Vogelt's Gott in Himml augn.

Die Autorin

Erica Giopp studierte orientalische Sprachen, pendelte zwischen Rom und Peking. 2016 ging sie auf Weltreise und schrieb darüber das Buch „Un anno in Barcastop“ (Gambrinus-Preis für Reiseliteratur). Seit 2020 lebt sie in Südtirol, lernte Deutsch, begann mit Klettern und Skitourengehen, und isst jetzt auch Knödel.

Inhalt

Herausgegeben mit Unterstützung der Südtiroler Landesregierung, Abteilung Deutsche Kultur

AUTONOME PROVINZ BOZEN SÜDTIROL
PROVINCIA AUTONOMA DI BOLZANO ALTO ADIGE
Deutsche Kultur

Originaltitel: *Südtirol. Piccolo manuale di sopravvivenza*
(Edition Raetia, 2024)

Übersetzung: Bettina Conci / Ex Libris, www.exlibris.bz.it
Projektleitung im Verlag: Magdalena Grüner, Eva Simeaner
Korrektur: Sabine Schmid, textdrexlerei / Trudi Matzneller, www. die-trudi.it
Umschlaggestaltung: Philipp Aukenthaler, www.hypemylimbus.com
Illustration Umschlag: Jan Sedmak
Satz: Typoplus, Frangart
Druck: Tezzele by Esperia, Lavis

ISBN: 978-88-7283-912-6
ISBN E-Book: 978-88-7283-901-0

Unseren Gesamtkatalog finden Sie unter www.raetia.com.
Bei Fragen und Anregungen wenden Sie sich bitte an info@raetia.com.

Raetia verzichtet der Umwelt zuliebe auf die Schutzfolie aus Plastik.

FSC www.fsc.org
MIX
Papier | Fördert gute Waldnutzung
FSC® C021437